リーダーとして自己を成長させ、
道を切りひらくために

［増補改訂版］

志を育てる

KOKOROZASHI

グロービス経営大学院 著

グロービス経営大学院 経営研究科 研究科長・教授
田久保善彦 執筆・監修
YOSHIHIKO TAKUBO

東洋経済新報社

増補改訂版の発刊にあたって

『志を育てる』のオリジナル版を二〇一一年の秋に上梓してから、八年の月日が流れました。幸いにして、多くの方にこの本を手に取っていただき、「志を醸成するヒントが得られた。」「小さい志を積み重ねていくことが大切だとわかった。」「他人と比較すべきではないことがわかった。」など、様々な感想をお寄せいただきました。志を胸に抱きつつ生きることのすばらしさや、その意味が、多少なりとも、広がったことに、望外の喜びを感じています。

さて、この八年の間に、世界は大きく変わりました。ＶＵＣＡの時代と呼ばれるように、政治、経済、社会、テクノロジー、あらゆる分野が全く予測できないほど大きく変化しています。唯一不変なことは、「この世の中は、すごいスピードで変わり続ける」ということです。一方で、人間の平均寿命は長くなり、超長期のキャリアを考えなければならない、人生一〇〇年時代が到来しています。

このような時代だからこそ、会社や組織に自分の人生をゆだねることなく、自らの足で立ち、自らの頭で考え、自らの人生つまり自分の時間を何に、どのように使うかを、自分の意志で決めることの重要性がますます高まっていると、私は考えます。

正に、このことを明示している南アフリカ共和国のアパルトヘイト(人種隔離政策)撤廃に尽力したネルソン・マンデラが愛した、「インビクタス」という詩の一節をご紹介しましょう。

I am the master of my fate; 私が我が運命の支配者。
I am the captain of my soul. 私が我が魂の指揮官なのだ。

自分の意志で選択した道、つまり「志」に向かって、納得感を持って生きる人が増えれば、この世の中もよくなっていくと信じています。
是非、この本を一つのきっかけに皆さんも、志の旅路に!

グロービス経営大学院　研究科長　教授
田久保善彦

はじめに

私が研究科長を務めるグロービス経営大学院は、開学以来、教育理念として次の三つのことを掲げている。

- 理論と実践を融合した能力開発の場を提供する
- 自らの志と生き方（キャリア）を見つける場を提供する
- 将来にわたる人的ネットワーク構築の場を提供する

ビジネス・スクールは文字通りビジネスについて学ぶための学校であるが故に、社会人学生（グロービス経営大学院では最低三年間のビジネス経験を有していることが入学条件となっている）の能力開発に資する場であることは言うまでもないが、グロービスでは、この二つ目の中に含まれる「志の発見、醸成」に、特に力を注いでいる。そして、この「志の発見、醸成」が本書でメインに扱うテーマである。

定義が難しく、おそらく個々人にそれぞれの意味づけが存在する「志」という言葉。古今東西、数多くの人が、志を抱いて生きていくことの大切さを説く言葉を残している。いくつか例を挙げてみよう。

王陽明（明治維新の志士たちの精神的支柱となった「陽明学」を作り上げた）
志が立たねば、天下のことは何一つ成し遂げることができない。志が立たなければ、舵のない舟や手綱のない馬があてもなく放浪するように、どのようなことをしでかすかわからなくなる。

松下幸之助（経営の神様と呼ばれた松下電器産業株式会社（現パナソニック株式会社）創業者）
「志を立てよう」

志を立てよう。
本気になって、真剣に志を立てよう。
生命をかけるほどの思いで志を立てよう。
志を立てれば、事はもはや半ばは達せられたといってよい。

志を立てるのに、老いも若きもない。
そして志あるところ、老いも若きも道は必ずひらけるのである。

今までのさまざまの道程において、いくたびか志を立て、いくたびか道を見失い、また挫折したこともあったであろう。

しかし道がない、道がひらけぬというのは、その志になお弱きものがあったからではなかろうか。

つまり、何か事をなしたいというその思いに、いま一つ欠けるところがあったからではなかろうか。


過ぎ去ったことは、もはや言うまい。

かえらぬ月日にグチはもらすまい。

そして、今まで他に頼り、他をアテにする心があったとしたならば、いさぎよくこれを払拭しよう。


大事なことは、みずからの志である。

みずからの態度である。

千万人といえども我ゆかんの烈々たる勇気である。

実行力である。


志を立てよう。

自分のためにも、他人のためにも、そしておたがいの国、日本のためにも。

出典：『道をひらく』（松下幸之助著、ＰＨＰ研究所）

このような、志を胸に抱いて生きた人の言葉に触れることにより、また、そのような人の生きざまに実際に触れることを通じて、志を抱いて生きていきたいと思う人は増えるのであろう。

しかし、多くの人は、自らの「志」とは何かを自覚したり、意識することがないため、「どのように『志』が醸成されたのか」というプロセスや、何がきっかけでその志が生まれたのかといったことに関する研究や記述はほとんど存在しない。

その結果、志を胸に抱き、志を明確にして生きていきたいと思えば思うほど、参考とするものがないため、自分の志とは何なのかという迷宮に入ってしまう場合が少なくない。

現在、私は、年間に三〇〇名以上の入学生を受け入れる経営大学院で教鞭を執っているが、このような状況を多数見る中で、次の三つのことを明らかにするために、「志研究チーム」を発足させ、調査・研究に取り組んだ。

●志とは何か
●志はどのようなプロセスで醸成されるのか
●どうすれば、志を醸成することができるのか

約二年間をかけ、インタビュー調査を中心に検討を行い、その成果を取りまとめたのが本書

である。

現在日本では、社会の成熟化が進み、少子高齢化、経済のゼロ成長といった、厳しい状況に入っている。また、二〇一一年三月一一日に発生した東日本大震災の影響もあり、先行きが非常に不透明な状況が続きそうだ。

だからこそ、右肩上がりの経済の自然な成り行きの中で昇進昇格が果たされ、職責が広がり、部下の数も増えるというプロセスの中で精神的な充足感も得やすかった時代とは異なり、「自分は何を付加価値として世の中に還元するのか」「何のために働くのか」

といった、自分起点の、まずは小さい志を見つけることが重要になってくると私たちは考えている。自らの心と向き合い、「志」を醸成するきっかけを得、有意義な人生を歩まれる方が一人でも増えることを目指し執筆に取り組んだ。是非、最後までおつきあいいただきたい。

執筆者を代表して
グロービス経営大学院　研究科長　教授
田久保善彦

『志を育てる　増補改訂版』目次

第3章 志のサイクルに影響を与える要素

第4章 志の成長の方向性

第5章

事例編

装丁●冨澤崇(イーブランチ)
本文デザイン・DTP●佐藤純(アスラン編集スタジオ)

第1章

「志」とは何か

1 「志」という言葉が意味するもの

何がきっかけで志が生まれるのか、どのように志が醸成されていくのかについて考えるにあたり、志という言葉をどのように定義するのかは非常に大切である。なぜなら、「志」は、概念自体が言語化しにくいことに加え、それを聞いたときにイメージすることが人によって異なるため、多様な「意味づけ」がなされるからである。

事実から見ていこう。調査対象とした三〇名以上のすべての方々に、「あなたにとっての志とは何か？」という質問をしたところ、次に示すように実に様々な回答が寄せられた。

自らの存在価値を示すものとしての志

- ●自分の生きる証、自分の生きた証
- ●そこに自分の存在価値があると思えること
- ●自分でなければできないと思えること
- ●生きる意味、何のために地球上に生を受けたかを示すもの

その他、志が意味すること

●試練を克服し、矛盾を乗り越えていくためのもの。自分のこととしてある物事を捉えて、そこへ絶対に行くという思い
●人生を豊かにするもの、人生を楽しくさせるもの
●きれいな心に基づく何か
●人生哲学
●悩んだ時に帰る拠り所、電池、自分の中のバッテリー
●振り返るもの。現在自分がやっていることが正しいかどうか立ち位置を見定めるためのもの
●心からやりたい、取り組もうと湧き出てくるようなもの
●他者性、社会性を帯びていること。他者がいないと達成できないこと　など

まさに、十人十色の定義がなされている。本書では、調査・論を進めるにあたり、多くの人が共通のイメージを持てるようにするために、志を次のように定義した。

「一定の期間、人生をかけてコミットできるようなこと（目標）」

これまでに取り組んだ、昔の志の場合は、

「一定の期間、人生をかけてコミットしてきたこと（目標）」

となる。

これでもまだ抽象度が高いので、ポイントになる言葉を少し解説しておこう。

●一定の期間……一日、一カ月くらいでやろうとしているものでは「志」というにはあまりにも小さく、単なる行動目標となってしまう。したがって期間のイメージとして一〜五年程度は最低必要と定義した（ただし、場合によっては短期的取り組みになることもあるため、期間の絶対的な長さに強くこだわるものではない。三〇名超のインタビューから、この程度の期間を設定することは、概ね妥当であったといえる）

●人生をかけてコミット……その人が何かに取り組む際に活用可能な「時間」や「意識」のかなり多くの割合を、自らの意志に基づいて、自主的に割いて取り組んでいること

この定義は一見すると、多くの読者が想定する「志」のイメージからは遠いものかもしれない。一般的には「高尚なもの」、「他人のために動くこと」が志のように思われているからである。

たとえば、多摩大学初代学長の野田一夫の言葉であり、グロービス経営大学院学長の堀義人も頻繁に引用する定義がある。

「志とは壮大なものであり、人に感動を与えるものであり、成すことを事前に意思決定するものである」

日本の教育界に大きな影響を与えたと言われる森信三は志について、次のような言葉を残している。

「真に志を立てるということは、この二度とない人生をいかに生きるかという、生涯の根本方向を洞察する見識、並びにそれを実現する上に生じる一切の困難に打ち克つ大決心を打ち立てる覚悟がなくてはならぬのです」

このような定義と、本書の定義の関係性を説明しておこう。わかりやすくするために、志を以下の二つに分けてみよう。

- 一定期間、人生をかけてコミットする目標＝「小志」
- 一生涯を通じて達成しようとするもの＝「大志」

野田や森の定義は、このうち大志にあたるものだろう。大志の実現は、あくまで無数の小志の実現の上に成されると考えれば、志には大きく二つの定義の仕方があることに納得いただけるのではないだろうか。なお、小志が積み重なって徐々に大きくなり、連続的に大志となることもあれば、小志が積み重なる過程で、初期の志とは異なる方向に進むこともある。

「大志」に対する自覚は「いつ」生まれるのか。これに関しては、次の二通りのパターンが考えられる。

(1)小志を積み重ねていく中で、徐々に自分自身の大志に気づく。

(2)はじめに「大志」ありきだが、小志を積み重ねていくことで、その大志の具現化を進めていく。

そして、実際には、(1)であっても(2)であっても、「小志の積み重ねの中で大志を形作っていく」というプロセスに本質的な違いはない。

実は、三〇名以上のインタビューから得られた事実として、(2)、つまり「大志ありき」というパターンはほとんど見られなかった。多くのインタビュー対象者は、後に述べるように、目の前にある仕事に一心不乱に取り組むことにより、次のチャンスをつかみ、活動を継続し、ある一定の年齢や状況になった段階で、自らの志が見えてきたという趣旨の発言をしている。決して最初から高尚な、人生のテーマとも言えるような志を抱いているわけではなかったのである。

図表1-1 大志と小志の関係

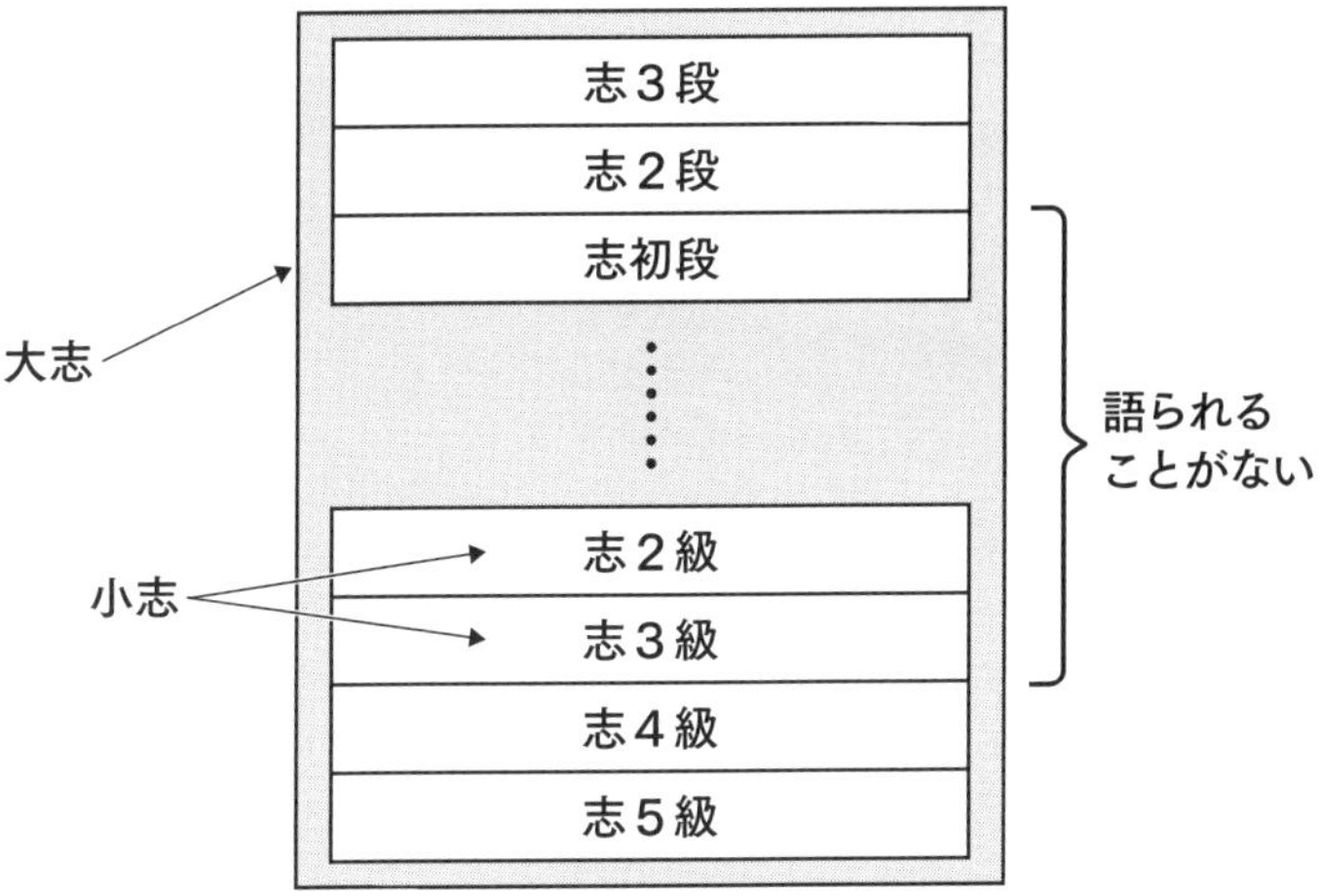

イメージとして、日本の武道などと同じように志にも段位があると考えるとわかりやすい**（図表1－1）**。たとえば、志は五級から始まると考えると、四級、三級と、自らの志の階段を上って行く間は、次の級に行くために、必死にその級の中で活動を行うのである。級が上がるにつれ、見える景色や、周りにいる人が変わり、感じることは、変化していく。

そして最終的に、ある段になった時に、先に示したような「事前に意思決定をし、その決定が人に感動を与えるような大きな志」を設定できるようになるのである。

古来、多くの著名人が志を立てることの重要性を訴えてきたことは先に書いたとおりであるが、まず「大志」ありきといったニュアンスの言葉が数多く残されているのは、この志の階段をかなりの高さまで上った人が残したものだからではないだろうか。その結果、志の階段を上り始めたばかりの人は「自分には志がない」という思いにとらわれてしまうと我々は考えた。読者の皆さんには、是非、小さい志を積み重ねることが大きな志につながっていくと考えていただければと思う。

いずれにせよ、確実に言えることが二つある。

一つ目は、本書の志の定義に従うならば、志は、その時の自分が何にコミットしていたか、これから先、何にコミットするのかを表すため、決して、過去の自分の志とも、他人の志とも比較するようなものではないということだ。よく「高い志」というような言い方がされるが、例えば、一人の人間の中でも、「中学時代に野球にかけた志」と「高校時代に野球にかけた志」を比較しても意味はなく(もし、仮に問うたとしても、その時々に懸命に頑張ったとしか言いようがないはずだ)、ましてや「学者になりたいという志」と「経営者になりたいという志」といったように、他人の志との比較はしようもなく、どちらが高い、低いという問題ではないことは明らかだろう。

そして、二つ目は、ことを始めなければ、つまり小志に向かって動き始めなければ、志の旅路は永遠に始まらないということだ。実践・実行を伴わない小志の種は、いつまでも芽を出すことはないだろう。言い換えれば、いきなり自身の生涯にわたる志を見つけようと苦心する人は、実はそもそもスタートライン上でゴール・シーンのイメージを考えあぐね、そこで立ち止まってしまっているということなのだ。二十代、三十代、四十代で、その後数十年続く人生を賭して取り組むことが、いきなり見つかる可能性が低いのは驚くに値しない。

参考までに、本書における志の定義を非常によく表している、阪急電鉄の創業者である小林一三の言葉を紹介しておこう。

「**将来への志は常に高く持ちなさい。そして、日々の足元のことをしっかりとやり遂げることこそが、その志に到達する最も近道なのだ。**」

2 なぜ志を抱いて生きることが重要なのか

次に、なぜ志を抱いて生きることが大切なのかということを考えてみよう。

経済発展が著しかった時代は、自らの生き方や、自分の人生をかけてコミットするようなことを、自ら意図的に探しに行かなくとも、会社や上司が次々にテーマを与えてくれ、それにただひたすらに取り組めば、目標を達成していくことができるケースが多かった。

経済全体の規模が大きくなる時代においては、自然な成り行きの中で、企業内でのポジションが増え、昇進昇格が果たされ、職責が広がり、部下の数も増える。そうしたプロセスの中で、精神的な充足感も比較的得やすかったのである。

しかし、冒頭でも述べたように、現在は、政治、経済、社会、テクノロジーなど、あらゆる分野で、まったく予想することができないほど、短時間に大きな変化をする、いわゆるＶＵＣＡ（Volatility（不安定さ）、Uncertainty（不確定さ）、Complexity（複雑性）、Ambiguity（不明確さ）という四つの言葉の頭文字からなる）の時代になっている。この世の中で、唯一不変なことは、「この世の中は、ものすごいスピードで変わり続ける」ということだけなのだ。一方で、人間の平均寿命は長くなり、超長期のキャリアを考えなければならない、人生一〇〇年時代が到来している。このような時代だからこそ、会社や組織に自分の人生をゆだねることなく、自らの足で立ち、自ら考え、自らの人生つまり自分の時間を何に、どのように使うかを、自分の意志で決めなければ、激流に飲み込まれ、何のための人生なのかがわからなくなってしまう。だからこそ、志を意識して生きることの重要性がますます高まっている。


自ら何かをつかみに行かなければ、誰も何も与えてくれはしない。だからこそ、自ら積極的に、

「自分は何を付加価値として世の中に還元するのか」

「何のために働くのか」

「自分の今の時間をコミットしてやるべきことは何か」

といった、自分起点の志を見つけることが大切なのである。志なしに生きるには、人生は長すぎるのではないだろうか。

本書では、志を「一定の期間、人生をかけてコミットできるようなこと（目標）」と定義した。しかし、受験勉強の影響を強く受けた世代の日本人は、一般的に人から与えられた問題に正しい答えを出すことには慣れているが、自らの意志として、何を成し得たいか（コミットすべきか）といったことにしっかりと向き合い、考えることは不得意ではないだろうか。

その結果、志を持たないまま、志を意識しないまま淡々と時間が流れて行くといった状況になりがちである。もちろん志を意識しなくても生きていくことはできる。しかし、初期段階の小さい志は何なのかを真剣に自らに繰り返し問いかけ、高い次元で成果を上げていくことで、志を大きく成長させることができるのである。

我々は、志の成長を通じて、より実りの多い人生を歩む可能性が高まると信じている。なぜなら、後に示すように、個々人の志の成長は社会にとっても新しい価値をもたらす可能性が高いものだからである。

3 本書のベースとなった研究の概略

本書のベースとなった調査は、職業や立場によって偏りが出ないように、様々な分野で活躍する、様々な年齢、性別、ポジションの三二名の方を対象とした（**図表1－2**）。また、増補改訂版のメインパートである、第2章「志の醸成サイクルを回す」については、グロービス経営

図表1-2　インタビュー対象者

カテゴリー	所　属	
起業家	社会人教育関連企業　社長	子供教育企業　社長
	金融系ベンチャー創業者（女性）	技術系大学発ベンチャー　社長
	病院グループ創業者　医師	
社会起業家	福祉系 NPO 法人　理事長	教育系 NPO 法人　理事長
	新興国関連ベンチャー　社長（女性）	新興国関連ベンチャー　副社長
経営者	製薬会社　会長	大手書店　社長
	電機メーカー　社長	婚礼関連企業　社長
	インターネット系企業　社長（女性）	コールセンター　執行役員
	化学メーカー　取締役	コンサルタント・再生企業取締役
	流通業　常務取締役	流通業　取締役
二代目・三代目経営者	ねじ卸商社　社長	めがねチェーン　専務
	菓子メーカー　社長	
ビジネスパーソン	製薬会社　経営企画　室長	フリーランスマーケター（女性）
	製薬会社勤務　部長　医師	ベンチャー企業勤務
	コンサルタント	
スポーツ関連	某大学体育会コーチ	元Jリーガー
教育関連	某大学院教授	中学校教師
その他	災害ボランティアリーダー（女性）	

＊肩書きはすべてインタビュー当時

大学院の社会人学生、修了生、二一名の方に対するインタビュー（**図表1－3**）、一三二名に対する全問自由記述式のアンケート調査を実施した。インタビューは事前のアンケート調査に加え、平均一時間三〇分程度のインタビューを実施した。グロービス経営大学院には数多くの社会人学生が通学しており、志をテーマにした経営大学院の授業でのやり取り、学生との日常的な対話、各種のセミナーでのワークショップなどでのコメントなども適宜考察の対象にした。また、自叙伝的な書籍の内容なども適宜参考にした。

図表1-3　第２章「志の醸成サイクルを回す」に関するインタビュー対象者（志の醸成サイクルが回っている21名）

	性別	年齢	職業（転職、起業経験など）
1	女	30代	大手システム会社➡起業
2	男	30代	大手携帯電話会社➡大手コンサルティング・ファーム
3	女	30代	大手製薬企業➡ネット系ベンチャー企業
4	男	30代	大手人材派遣会社➡教育系 NPO
5	男	20代	大手Ｅコマース会社➡起業
6	男	40代	大手製造業➡大手タクシー会社
7	女	30代	教育サービス業➡経営大学院事務局
8	男	30代	大手印刷会社
9	女	40代	大手出版社
10	男	30代	大手銀行➡大手製造業
11	男	40代	大手製造業
12	女	30代	ネット系ベンチャー企業➡人材系ベンチャー企業
13	男	30代	中規模システム会社➡事業承継で代表に
14	男	40代	大手製薬企業➡休職して国際ボランティア
15	男	30代	小規模製造業➡起業
16	男	30代	大手流通会社の携帯電話販売子会社
17	男	30代	電力会社➡再生エネルギー会社
18	男	30代	広告代理店➡大手ブライダル企業➡起業
19	男	40代	損害保険会社➡生命保険会社
20	女	40代	大手電機メーカー
21	男	40代	大手システム開発会社➡大手家事代行サービス

こうして集めたインタビューデータ、アンケートデータを基に、その共通性や法則性を抽出した上で本書を取りまとめた。

第2章

志醸成のサイクル

1 志の醸成サイクル概観

第1章でも示したように、一般的に「志」という言葉から想起されるものは、利他性（自分のためではなく、他人のため）が高く、社会に与えるインパクトなどの規模が大きいといった、高尚なことである場合が多い。このような「志」に対する先入観が、「自分は志が持てない」、「志と言われても……」といった言葉が口から出てきてしまう、または「そう言わざるを得ない」理由なのではないかと述べた。

しかし、三〇名超の方へのインタビュー、各種自叙伝的な書籍の記述などを分析してみると、ほぼ全員に共通して言えたことは、ある日突然、人に感動を与えるような大きな志が頭や心に浮かんでくるといったことはなく、「**紆余曲折ありながら、様々な人生経験を経ながら、志も少しずつ変化をしながら『成長』していくという姿**」であった。

では、具体的に志はどのように成長していくのかを見ていこう。

今回の検討では、「志」は、**図表2－1**に示した五つのフェーズからなるサイクルとして回りながら、**図表2－2**に示したイメージのように、連続的に「らせん状」に成長していくことが明らかになった。

図表2-1　一つの志が回るサイクルのイメージ

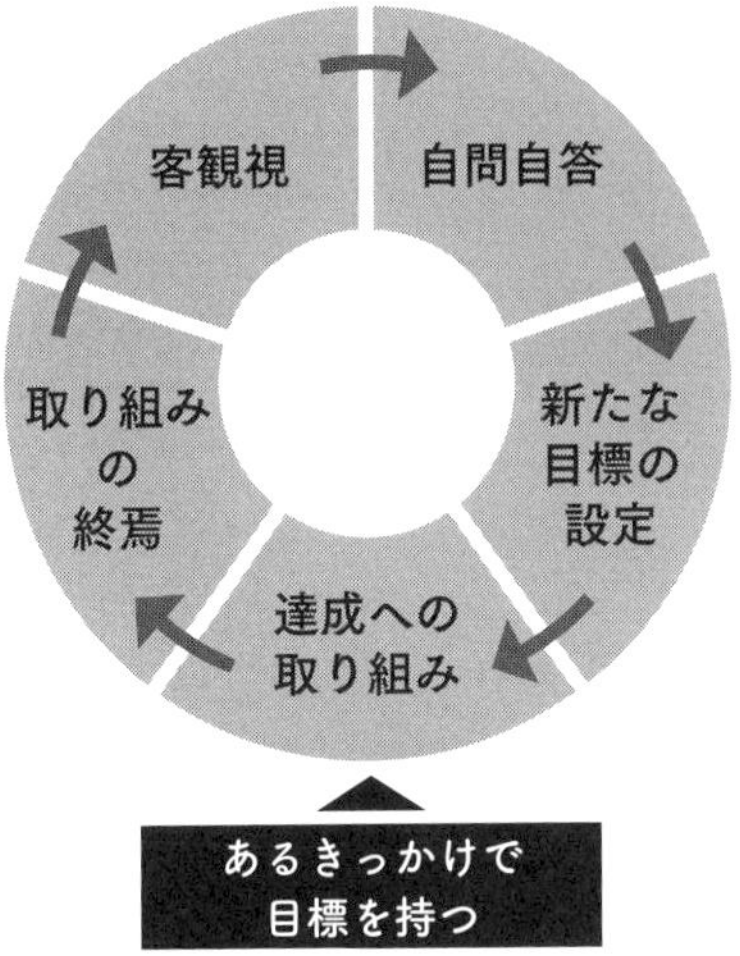

成長の方向については、第4章で別途解説することにするが、この章では、一つの「志のサイクル」を構成する五つのフェーズについて、詳細に見ていくことにする。

志のサイクルは、**図表2－1**に示したような五つのフェーズからなる。具体的には、達成への取り組み、取り組みの終焉、客観視、自問自答、新たな目標の設定の五つである。それぞれのフェーズの意味合いは次に示す通りである。

あるきっかけで目標を持つ

人生で最初の目標を設定する、または親などに設定される。

達成への取り組み

新たに見出した目標の達成に向けて、実行を進めていく段階。

図表 2-2　志はらせん状に成長する

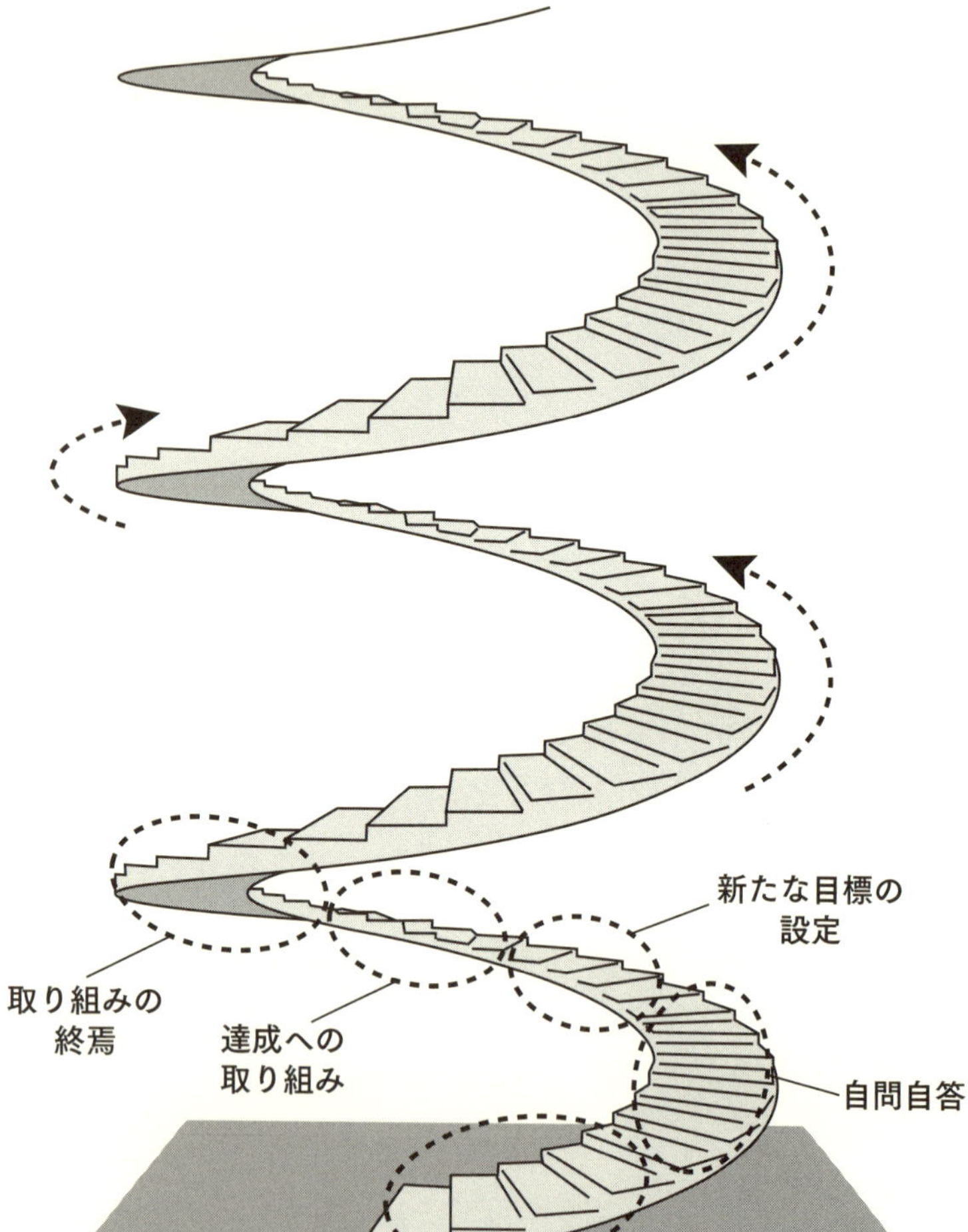

取り組みの終焉

目標の達成に限らず、本人の心が折れたり、心変わりしたり、他の要因で終了させられたりなど、目標に到達できない場合も含めて、その取り組みがその人の中で終わってしまう段階。

客観視

自分が没入し取り組んでいた目標の位置づけや目標を取り巻く環境を、一定の距離をとって客観的に見つめ直す段階。

自問自答

自分自身にとって、その目標が何を意味するのか、自分が本当にしたかったことは何なのかを問い、答えを探す段階。

新たな目標の設定

客観視と自問自答のプロセスを経つつ、自身の価値観やスキル、実現可能性、リスクなどに鑑《かんが》み、新たな目標（志）を見出していく段階。

こうした段階について便宜的に五つのフェーズに分けて議論を進めるが、これらは人間の心の状況を描写するものであり、当然きれいに切れるものでもなければ、行ったり来たりする場合もある。また、五つはつながり、回りながら成長していくものであるため、どのフェーズにいるのが良い、悪いということでもないことを理解していただきたい。つまり、「今」何かにコミットしているから良い、していないから悪いというようなことではないということである。

2 五つのフェーズの詳細

では、それぞれの段階について見ていこう。

(0) あるきっかけで人生最初の目標を持つ

まず、人生で最初の目標設定をすること、または親などに設定されることを「あるきっかけで目標を持つ」とし、志サイクルのゼロ段階として位置づけた。

人生の幼少期を考えてみよう。幼稚園時代や小学校の低学年時代には、子供が自ら何らかの目的や目標を考え、行動をしたり、自問自答をしてから目標を立てたりするのではなく、一般的には親が与える何らかのきっかけで行動し、それを礎に考えるようになると捉えるのが妥当である。

もちろん、親に言われずとも、プロ野球選手を目指して野球を始める少年や、医師になることを目指して勉強をする子供もいる。しかし、本書では子供が素朴に「夢を追う」ということと、自らの考えに基づいて時間やその他の資源の使い方などを含め意思決定した上で設定した「志＝一定期間、人生をかけてコミットすること（目標）」とは区別した。

とはいえ、このような実体験を通じて得られるもの、感じるものは、その後の人生を司《つかさど》る価値観の形成に大きな影響を与え、ひいては後の志にも影響する可能性があることは言うまでもない。

このフェーズの具体的な例としては、

●親の勧めで通い始めたピアノ教室や水泳教室で、目標を設定しながら頑張った。
●親の意思で始めた小学校受験や中学校受験のための塾に通い、勉強に邁進した。

などを挙げることができる。このような取り組みは、時間の経過とともに二つの流れとなる。一つは、小さい頃から習っていたピアノを長期間継続し、その活動が自らのコミットメントに変わり、音楽家を目指すようなケースである。そしてもう一つは、受験のように決まったタイミングでその目標（受験に成功する、合格を勝ち取る）が消失し強制終了になるか、自らがその活動から離れる場合（ピアノが嫌になり教室をやめるなど）である。

インタビュー結果から、現実的には、どこかのタイミングで与えられた目標を追いかける行為が終わることが多いことがわかった。つまり、サイクル上の「取り組みの終焉」というフェーズを迎えることになる。

また、年齢が若い時には、五つのフェーズを経て次の段階に行くというよりも、次の目標も親が決めたり、中学進学後、高校受験という目標が自動的に設定されたりするなど、自らの意志でコミットすることにならない場合が多く、実は大学卒業まで明確な自分の意志でコミットする目標を持たずに時間を過ごしてしまう人も少なくない。

本書では、こうした状況も考慮した上で、まさに自らの意志で「**一定期間、人生をかけてコミットできるようなこと（目標）**」を設定できた瞬間を「初めて志が生まれた瞬間」と位置づけることとした。

次にサイクルの各フェーズを見ていく。先に示したように本書では、志は五つのフェーズのサイクルから醸成されていくという考え方をとっているため、連続していて切れ目がないものとなる。したがって、本来、どのフェーズから議論を始めてもよいのだが、志のサイクルを回すための大きな肝となることが多い「客観視」から、実際に見ていくことにしよう。

（1）客観視

人生の時々の目標に向かって一定の取り組みを行う経験はいずれ終了し、「取り組みの終焉」

を迎える。そこで、インタビュー対象者の多くが、ふとしたタイミングで「客観視」というフェーズに入っていることが明らかとなった。なお、大学卒業時など、自分の意志とは関係なく訪れる人生の大きな節目において、この客観視のフェーズに入り、自分自身を見つめなおし、それをきっかけに最初の志のサイクルに入っていく人も存在した。

この客観視というフェーズは、目の前の風景しか見えておらず、自分のやっていることしか目に入らない状況、または誰かに設定された目標に盲目的に従うという状況から、自分自身が置かれた位置を理解する、あるいは見渡すことができる「地図」を手に入れて、自分がどこに位置しているのか、自分が今までやってきたことにはどんな意味があるのかといったことを理解できる状態になることを示している。

今回のインタビュー対象者の中で最も早くこの客観視というフェーズを体験していたのは、学生時代に「海外の金融機関でインターンの経験を積んだ時に、その金融機関の現場不在の途上国支援のスタンスや方法に疑問を持ち、本当にこれがあるべき姿なのかと、様々なことを考え始めた経験」を持つ人物である。

普通であれば世界的な機関のインターンで与えられた仕事に没頭しそうなものであるが、一歩引いた視点で本来の途上国支援のあり方などを考え、その上で自分は何をしていくべきかを考えたのである。およそ二〇歳頃の話であり、これは例外的に早い時期であるといえる。他のインタビュー対象者のコメントからすると、この感覚になるまでには一定の人生経験が必要となる場合が多い。

では、人はどんな時に、自分自身のことを客観視できるようになるのだろうか。

一定の距離感を持って、客観的に自らを見つめ直すのは、自らの取り組みや置かれた状況と何かを比較せざるを得ない状況に置かれた時が多い。具体的には転勤や留学、社内の異動、大学院への入学や卒業、部門横断のプロジェクトへの関与、勤務する企業の倒産などが典型的な例だ。

たとえば、海外に行けば、その国と日本を比べることになる可能性が高い。日本とは何か。日本文化とは何か。日本人とは何かなどを考えざるを得ない。

転職をすれば昔の会社と今の会社を比べることになるだろう。自分の実力はどれほどのものなのか。自分の強みは何で、弱みは何なのか。

社会人大学院などで勉強を始めれば、他の会社で働く人々と自分を比べることになるだろう。自分の実力はどれほど通用するのか。自分の考えはどれほど広いのか狭いのか。自分の強みは何で、弱みは何なのか。

これが、自らの現状を相対化することで客観視してみるというイメージである。このような思考をすることで、組織や社会の中での自らが置かれた位置、他者との関係性、文化・価値体系の特性、自らの強みや弱みなどの軸によって全体像、すなわち「地図」が描かれ、自分が取り組んでいた目標の位置づけが見えてくるのである。

一方で、客観視をしたとしても、それほど危機的な状況にはない、自分の努力が足りないだけだと思い込んで、それ以上思考を深めなかったりすることも多い。逆にいえば、どんな小さいことでも、今まで気にならなかったことが気になった時、心にさざ波が起こった時は、自分自身の心の中に何らかの変化が起きて、次のフェーズに行くことができる準備が整いつつある段階であるともいえる。小さい気づきを大切にできるかどうかは非常に重要なポイントである。

一般のビジネスパーソンに当てはめて考えてみると、ここに書いたようなチャンスや経験が得られるのは早くとも二十代半ばから後半にかけて、という場合が多い。つまり、客観視をするまでには一定の時間が必要となる。また、この段階では、地図の全貌や詳細が明確にはなっておらず、実際には限定的でかつ主観的なものに過ぎないことが多く、客観視をしても深い自問自答につながらない場合もある。数多くのキャリアに関する研究者が、このような時期を超えていくことの難しさ、時に乗り越えるために長い時間がかかることを指摘しており、本質的に難しい時期なのである。客観視をしても何も明確にはならないかもしれない。しかし、志の成長のためにも、是非このフェーズを大切にしていただきたい。

客観視のフェーズに入っていると想定できるインタビュー対象者の状況は、以下のとおりである。

●大手メーカーに勤める当時三十代のビジネスパーソンは、ある時オランダに転勤することになった。日本で仕事をしていた時代と比較すると、時間に余裕があり、自分と向き合う時間を作ることができた。オランダという国で、必然的に、異文化から日本や日本での仕事の仕方などを見つめ直した。

●三十代のビジネスパーソンは、初めてリーダーとして取り組んだ大型のプロジェクトを無事終了させたとき、プロジェクトメンバーと自分とを比較する中で、自分の特性（強み、弱み）がこれまで思っていたものと違っていることに気づいた。そして、真の強みを生かすために何をしていくべきかを考え始めた。

●アメリカの有名大学にポスト・ドクター（博士号取得後に任期制の職に就いている研究者）として勤務していた当時三十代のある医師は、一流のジャーナルに論文が掲載された。しかし、自分が予想していたよりも高揚感はなかった。逆に、純粋な研究そのものは、自分自身がやらなくてもよいのではないか、自分にしかできないことは何なのかを悶々と考えた。

●シンクタンクに勤めていた当時三十代のあるビジネスパーソンは、社内の引っ越しの際、自分が書いてきた報告書の数を数える機会があった。報告書を数えながら、自分のやってきたことはどれだけのインパクトを社会にもたらすことができたのかについて疑問を感じ、自分自身の仕事の意味を考え始めた。

●日本の大手メーカーに勤務する当時三十代のビジネスパーソンは、自分の勤務する会社が合併するというプロセスの中で、熱狂して目指していたものが急になくなってしまったことで、自分が置かれている環境、すなわち自分が出せる価値の限界を冷静に見つめ直すことができた。

●ある女性起業家は、アシスタントとして新卒で入社した外資系の証券会社において、女性にどのようなチャンスが与えられるのかを考え、直接上司に聞くという行動に出た。結果的にチャンスがないことが明確になり、自分自身のなすべきことを考え始めた。

●国際機関に勤務するある女性は、途上国での四年間の勤務を経たのち、半年間の休暇を取り日本に帰国した。その際、経験を振り返りながら、少し離れたところから自身を見つめなおし、体験を文章にまとめた。

客観視を進める際のポイント

●自分の仕事の成果の意味合い、自分の所属する会社の状況などを、他者や世の中と比較する。

●他者との比較を通じて、自分自身の立ち位置、実力などを理解し、位置づける。

●自社、自業界の論理からいったん抜け出し、自分の属する組織の取り組みを、他業界や一般的なビジネスの仕組みと比較してみる。
●比較の際には、小さいことの中にもヒントがあることを忘れないようにする。
●今まで気にならなかったことが気になった時、何か心にさざ波が立つのを感じた時は、そのことをしっかり向き合ってみる。
●比較を可能とするために、「社外の人とネットワークを構築する」、「社内異動の機会や、社内のプロジェクトの機会などを有効に活用する」、「社内外の情報を貪欲に取りに行く」などの努力を怠らないようにする。
●本質的に、難しい時期であるということを認識し、焦らずに考えを深めるようにする。

(2) 自問自答

客観視の段階を経ると、それまでの自身がコミットしていた取り組みや組織における自身の位置づけをより深く、細かく理解する段階に移行する。今までやってきた特定の取り組みだけでなく、自身の中にある様々な欲求や願望、特性を棚卸しし、本当に今自分がやるべきことは何か、やりたいことは何かを模索する期間となる。

この段階では、短期間集中して自問自答をする人もいれば、比較的長い時間をかけて、自問自答を繰り返す人も見受けられる。一人で山にこもり数日間を過ごす、定期的に座禅を組む、寝る前に定期的に瞑想の時間を取る、定期的にブログや日記を書き自省するなど、意図を持って自問自答の活動をしているインタビュー対象者も存在した。

志のサイクルを回している人々の特徴は、この自問自答の段階で考えること、または次の新しい目標を設定することから逃げないということである。

本書の想定読者である二十～四十代の現役世代は日々忙しく仕事をしているため、考える必要性は感じつつも、考えることから逃げてしまいがちだ。時には、忙し過ぎて考える時間すら取れないこともあるかもしれない。加えて、人間には自分が良い状況であると認識したい自己肯定意欲があるため、なかなか現実を受け入れず、考えを止めてしまうこともある。

いずれにしても、志の醸成は、五つのフェーズからなるサイクルが、徐々に積み上がっていくプロセスであるため、自問自答から逃げた瞬間にプロセスが止まってしまう。このことを頭に入れ、自問自答から逃げない自分を作り上げていただきたい。

自問自答のフェーズに入っていると想定される、インタビュー対象者の状況は以下のとおりである。

●ＩＴバブルと言われる時代に学生ベンチャーを立ち上げていた当時二十代のＣＥＯ（最高経営責任者：Chief Executive Officer の略）は、六本木ヒルズに居を構えたり、高級外車を乗り回したりする、周りで成功したと言われているＩＴベンチャー社長仲間の生活を見るにつけ、自分がやりたいことはこれなのかと疑問を感じ、成功していたＩＴベンチャーを辞め、自分は何をすべきかを考え始めた。

●当時三十代のあるビジネスパーソンは、優秀な営業成績を収め、それが認められ、待望の本社勤務となった。本社でも優れた業績を上げていたが、しばらく後に、自分のやりたいことを見失い、このままでよいのだろうかといろいろなことを考え始めた。

●銀行に勤務していた当時三十代のあるビジネスパーソンは、会社の危機的な状況を理解し、本当に自分がこの会社を救うためには、ここで頑張るべきか、それともこの会社の戦略を考えている戦略コンサルティング・ファームに転職するほうが早くて実現性があるのではないかと自問自答した。

●当時三十代だったあるビジネスパーソンは、国内メーカーから米国系の企業に転職した際、大きな問題があったわけではない上司が簡単にクビになるのを見て、強い危機感を感じ、自分は何で価値を出していくべきなのか、これから何をしなければならないのかを考えた。

●会社で起きたトラブルがきっかけで、これまで打ち込んできた研究を継続する道を断たれた当時三十代のある研究者は、自分にはこの会社の経営幹部は向いていないと判断した。

そして、昔からあこがれていた教師への夢を捨てきれないという思いに至り、教師になるべきかどうかを考えた。

●当時六十代のある日本の大手メーカーのCEOは、CEOになるまでは会社の発展だけを考えてきたが、社長になり世界を見る機会が増え、途上国の現状を知る中で、本当に自分がすべきことは何かを改めて考えた。

●ある大企業の子会社で経営を実践し結果を出してきた当時四十代のあるビジネスパーソンは、そこで得たスキルやノウハウをそのまま子会社のために使うべきなのか、それとも、危機に陥っている親会社の再建のために使うべきなのかを自らに問うた。

●阪神・淡路大震災で、自らも被災をした当時三十代のある女性は、避難所でボランティアとして半年以上活動をしていた。ビジネスを再開するか、結婚・出産をするか、当時の活動を継続するかどうかを悩みに悩んだ。

ここで大切なことを一つ指摘しておこう。先に述べた客観視という自分を何らかの形で相対化してみるフェーズを経てから、自問自答のフェーズに入ることが、志を醸成できている多くの人に共通して見ることができる特徴である。

いきなり自問自答のフェーズに入り、「**自分が本当にしたいことは何なのか？**」とだけ問いかけたとしても、その解は見つかりにくい。この一点で思考がぐるぐると空転してしまうのである。客観視の段階で、思考を深め、自らに問いかけ苦しみながら、一定量の情報を頭の中に蓄積していることが重要なのだ。

新しい目標を見出すためには、何かと自分のやってきたことなどを比べ、差を見出すことが必要だからである。自問自答の前に、一歩引いて客観視することの大切さを是非覚えておいていただきたい。

インタビューに加えて、まさに自問自答している状態に関する記述をご紹介しよう。

人って何のために生きていて、どんなことを求めているんだろう。自分の経験から興味が湧いて、私は哲学に没頭した。

いろんな人の本を読み漁っては、感じたこと、抱いた感情を素直にそのままノートに走らせていった。毎日毎日、自分でもどうしてと思うくらいに「自分」というもの、「社会」というもの、「他者」というものについて考えた。

自分の存在意義とは何なのか、何のために生きているんだろう、同じ問いにいつもつまずいてしまう。そして私は、やっぱり原点に戻ったのだった。

社会を変えることが私の存在意義。もっともっと社会を良くしたい。そこに私という個人の幸福が存在するんだと思った。

出典：『裸でも生きる』（山口絵理子著、講談社）

自問自答を進める際のポイント

- 自問自答はあくまでも、客観視の後に、または客観視との行き来のプロセスの中で行うことが大切であることを忘れないようにする。
- 「自分は何がしたいのか」といった問いかけだけをし続けないようにする。
- 自分自身の強み、弱みを他者との比較などを通じて自らに問いかけをする。
- 自問自答をする時間、空間を確保する。日常の流れをいったん断ち切ってみる。
- 自問自答をした内容を文字にし(思考の外在化)、後で振り返ることができるようにする。
- 自分の思いを誰かに話してみる。
- 自問自答のプロセスは多くの人にとって苦しい時間であり、そこから逃げないようにする。

(3) 新たな目標の設定

さて、自問自答のフェーズは、新しく取り組むことを考えるというフェーズに徐々に変化を遂げることになる。新たな目標を見出す過程は、「自ら創出する場合」と「他者がその目標を与えてくれる場合」に大別することができる。

志を醸成するというと、すべてを自らの意志で決めるというイメージがあるが、実際には会社もしくは他人が用意したきっかけの中に新しい目標を見出す場合が少なくない。もちろん、最終的にコミットするか否かは自分の意志の問題であるし、この場合も十分な客観視と自問自答がなされ、ある意味での準備が整っている場合に、次の志につながっていくことが多い。

自ら目標を創出する場合の典型例は「自発的な転職・社内異動の自発的な獲得」または「起業・独立」である。この際、重要なことは、考えたことの実践に向けて動き出すための準備をしておくことである。経営大学院で学ぶこと、何かの資格の取得が準備となることもあるだろう。現在従事している仕事で高い成果を上げること、やりたいと考えていることについて考え切ることが準備となることもあるだろう。結果的に、インタビュー対象者の多くは、「ことを始める時にあまりリスクを感じなかった」、「リスクについては考えなかった」といった趣旨の発言をしている。

これは、「できる」、「どうにかなる」という自信＝自らの可能性への信頼（高い自己効力感）の裏返しでもあり、結果的にある程度の準備ができていたことを意味している。この自らの可能性への信頼を背景に、新しい目標に一歩踏み出しているのである。

新しい目標設定がなされたと想定される時のインタビュー対象者の状況は以下のとおりである。

社内異動の自発的な獲得

●当時三十代であるサービス業に勤務していたビジネスパーソンは、アメリカでMBA（経営学修士：Master of Business Administration の略）を取得し帰国したが、希望する仕事をさせてもらえず、やや腐ったまま数年間過ごしていた。転職も考え、実際にかなり活動もしていた。社内では、海外の子会社の経営に携わりたいと上司に継続的に言い続け、四〇歳になる年、そのチャンスを獲得した。

●当時三十代前半のあるビジネスパーソンは、会社で受けたリーダーシップ研修で、丸二日間自分自身について考える時間があった。自分は何のためにこの会社に入ったのか、何のために仕事しているのか。初心を思い出し、異動願を提出した。一度は却下されたが、翌年同じ主張をして認められ、社内異動がかなった。

同一の仕事においても、異なる意義を見出し、新しい目標を設定することもある。たとえば、ある研究者からは次のようなコメントが寄せられた。

●ある大手メーカーに勤務する当時四十代前半の研究者は、一エンジニアとして研究成果を出すことだけに集中してきたが、最近一〜二年、ビジネス・スクールでの学びを通じて、自らの仕事は次世代の育成であることを明確に自覚し、今ではそれが最も大切かつ情熱を傾けることができる仕事になっている。

自発的な転職

●当時三十代のあるビジネスパーソンは、転職二年目に前職のベンチャー企業から「戻ってきてほしい」と頼まれた。妻子を抱えている状況であったこと、収入はかなり減ることが前提であったため、非常に迷ったが、本当に自分を必要としてくれるところで役に立ちたいという思いは捨てられず、戻ることを決め、経営陣に加わった。

●当時三十代で、ある大手メーカーで働いていたビジネスパーソンは、自分が成し遂げたいのは「会社が持っているポテンシャルを最大限に活かせる戦略や仕組み作り」であると明確に認識した。それをやるためには、より困難な経営課題を解決できるスキルと実行できるポジションが必要である。それを獲得するために戦略コンサルティング・ファームに行くことを決めた。

起業・独立

●地域医療のための医療法人を起こした当時三十代のある医師は、当時の組織では限界があったため、新しいビジネスモデルを構築するまで、国内外の在宅医療の現場も見に行きながら、半年をかけ検討を行った。「このモデルで一生やっていけるのか?」を考え抜き、ビジネスを立ち上げた。

●ウォールストリート（米国ニューヨークの金融街）の論理で長年働いてきたある女性起業家は、世の中を良くしたいという自分の価値観とは合わない部分を感じながらの仕事であったこともあり、ＳＲＩ（社会的責任投資。従来の財務分析による投資基準に加え、法令順守や環境配慮、地域などへの貢献といった社会、倫理、環境面などの社会的責任を果たしているかという投資基準を持つことをいう）という概念を知った瞬間に、これをやりたいと何の迷いもなく取り組むことを決めた。

●当時二十代のＩＴ企業のＣＥＯは、自分自身の仕事に疑問を感じ、自問自答を繰り返した結果、ある日自分の母親との会話の中から、どうしても解決したいと思える社会問題に出会い、ＮＰＯ（非営利団体：Nonprofit Organization または Not-for-Profit Organization の略）を立ち上げることを決意した。

●あるビジネスパーソンは、現在働いている会社ではやりたいことがないことに気がついた。そして悶々と考える中、自らが通学していたビジネス・スクールでのある女性との出会いをきっかけに、学校終了後の子供に学びの場を提供する会社を起業した。タイミングという側面からは、自分の子供が中学生になるまで（残り三年）には行動を起こしたいと考えた。

一方、他者が与える場合の典型例は「社内での人事異動や配置換え」または「ヘッドハント、友人からの誘い等による新たな機会の発見」である。最終的には、自らの志向性と他人から与えられる機会に整合が取れる必要はあるが、インタビューを通じても、新たな目標を見つけるきっかけが他人から与えられることは少なくなかった。特に、ソーシャル・ネットワーク全盛の現代においては「弱いつながり（接触頻度は低く、情報交換の頻度なども少なく、血縁関係にもない）」の重要性が高まっているともいえ、様々なネットワークを自ら開拓していくことが重要だ。このような機会を捉えられる人の特徴としては、次のようなことが挙げられる。

- ●他人から声がかかる段階での業務で、しっかりとした、外から見て比較的わかりやすい実績を上げている。
- ●他者（他社）が必要とするような、明確な強み（コンピタンス）が確立されている。
- ●ヘッドハンターなどから声がかかりやすいという意味で、MBAなどを保有している。
- ●日常生活で人的ネットワークを大切にし、コミュニケーションを定常的に取り続けている。

他者からある機会を与えられる可能性を高めるために、ネットワーク作りやスキル形成は非常に重要である。特に、インタビュー対象者の多くは社内外を問わずネットワークを大切にする人が多かった。初対面の人に会った後には必ず封書で手紙を書くことにしている方、お礼のメールを習慣にしている方、自ら定期的に勉強会を主催する方など、ネットワーク構築に対する情熱の高さを物語っている。

配置換え

●当時三十代のあるビジネスパーソンは、社長の「会社をグループ化したい」という考えを実現するために、それぞれバラバラのシステムで動いていた各経理部の統合を実現するプロジェクトのリーダーに指名された。典型的な官僚組織となっている経理部を壊すことが現場のためになる、という信念のもと、財務の素人である自分が財務部門の変革を進めることを決めた。

他人からの誘い

●当時二十代のあるビジネスパーソンは、自分が大学時代所属していた体育会の有名監督が高齢となったため、コーチとして戻ってこないかという打診を受けた。同時期に不祥事があり、誰もが様子見をしている状態であったことから、そんな歯がゆい状況に我慢できず、大きな恩がある監督が困っているのを助けるために、自分からお手伝いさせてほしいと願い出た。

●ある事業会社の現在四十代のＣＯＯ（最高執行責任者：Chief Operating Officer の略）が現

在の職場にいるきっかけは、知り合いのヘッドハンターに新幹線の中で偶然出会ったことであった。

新たな目標の設定のポイント

- 自問自答のフェーズの中で十分に考え、準備状態を高めておくことが重要である。準備状態を高めることで、他人から与えられる機会に敏感になることができる。準備を怠ったが故にチャンスが見えないという状況を回避しておく。
- 弱いつながりを含め、様々な人的ネットワークを構築しておく。
- 他者（他社）が必要とするような、明確な強み（コンピタンス）を確立しておく。
- 社内外の情報に敏感となり、チャンスを積極的に取りに行く。またそのための能力開発も怠らない。
- 悩んだら行動してみる。

「新たな目標の設定」の最後に、「使命感」について書いておこう。

自問自答から新しい目標設定をする中で、時に、「これは自らがやらなければならないことである」、「自分がやらなければ、誰がやる」、「これは自分にしかできない」といった感覚、つまり使命感を感じたインタビュー対象者が存在した。

医療問題を扱うNPOを立ち上げた代表、子会社のCEOを辞め、親会社の再生を請け負ったCEO、災害ボランティアに一〇年以上携わっている人、大企業のアメリカの工場を閉じる仕事を完遂した人、大学の体育会のコーチに就任した人、長年勤めた企業の抜本的改革を成し遂げた人などである。

この感覚は、「純粋にやりたいことを発見した」、「チャレンジすべきものを見つけた」という感覚とは違っており、ある種の憤りや怒りを発端とすることが多いのが特徴である。そしてその感情は、自分が意識しているかどうかは別にして、本人が本当に大切にしているものを毀損されそうになったり、不当な扱いを受けたりしそうな時に、自分が盾になってでも戦おうという気持ちに転化しているのである。

怒りや憤りを覚えるほどの出来事との出合いが、命をかけて取り組むことに、強烈にその人を導く。その意味では、使命感を伴う志は、本人の中での納得感は非常に高い場合が多い。このことは、自分自身が何かに怒りを感じた時、それがきっかけで強い志を発見する可能性が高いとも言える。だからこそ、その感情としっかり向き合うことは大切なことである。

一方で、94ページでも後述するように、そうして生まれた、もしくは気がついた志は、実行のフェーズにおいては、怒りの感情ではなく、怒りを感じた状態を改善するというポジティブな気持ちになっている場合がほとんどであることは強調しておきたい。

さらに、その怒りや憤りが何をベースに生まれてくるのかを考えると、その人の生い立ちやルーツが大きな意味を持っていることが多い。ルーツは、比較的長い期間所属した組織であったり、一族系企業の事業継承者の場合は父親だったりすることもある。

自分に大きな影響を与えた組織や人物との関わりの中から生まれた、「これだけは譲れない」、「これが大切だ」と思うことに改めて思いを馳せてみることは、志の発見という意味からも非常に大切なことである。

(4) 達成への取り組み

新しく目標が設定されると、次は実行のフェーズである。我々の調査からは、このフェーズにおいては、一定期間人生をかけてコミットできるようなこと(目標) =「志」の存在自体が以下に示すような大きな意味(効用) を持っていることがわかった。

志の存在が与える三つの効用

1. 困難な状況を乗り切り、取り組み続ける、学び続ける精神的な支えとしての役割
2. リーダーシップを発揮し周囲を巻き込むための旗としての役割
3. 自分の取り組みが、もともとの目的や目標からずれていないかを測り続ける心のアンカーとしての役割

それぞれについて見ていこう。

1．困難な状況を乗り切り、取り組み続ける、学び続ける精神的な支えとしての役割

企業再生に取り組んだ方、中小企業の経営者などから多く聞かれたコメントとして、精神的に非常に厳しい状況の中で任務を全うしてきたが、その際、志が心の拠り所となっていたという種類のものがある。

加えて、志が存在するおかげで、自らを成長させるために常に学び続けるモチベーションを失わないといった効用を語る方もいた。つまり、志は難局を乗り切る上で自らの心の支柱としての役割を果たすのである。

森信三は『修身教授録』（致知出版社）の中で、志について次のように述べている。

「真の志とは、自分の心の奥底に潜在しつつ、常にその念頭に現れて、自己を導き、自己を激励するものでなければならぬのである」

これは、まさに精神的支えとしての志について言及したものである。これに関連して、インタビュー対象者からは次のようなコメントが寄せられている。

●大企業の再生を果たした当時四十代のCEOは、自分を育ててくれたこの会社を、何としても、どんなことがあっても救いたいという思いだけが自分を支え、厳しいリストラなどを断行することができたという。

●ある五十代のメーカー勤務のビジネスパーソンは、アメリカの子会社の人員整理を命じられた。「その時は、大変な仕事を背負ってしまったという思いだけで、渡米するまで精神的にも辛い日々を送りました。でも、実際に現地に行き、様々なことについて理解が深まると、この仕事こそが自分がやるべき仕事であると心を定めることができました。本当に辛かったが、この仕事が会社のためになると信じて二年間頑張り通しました」

●当時四十代である商社に勤務していたビジネスパーソンは、社長直下の改革プロジェクトを進める中で、グループ社長の座を狙う古参役員との泥沼劇が勃発してしまったという。「二回辞表を書くところにまで追い込まれましたが、『正しいことは正しいと言う』、『会社を変えたい』という自身の強い思いに、社長も会長も応えてくれました。結果、古参役員は退任し、プロジェクトは一応、成功しました」

●外資系メーカーに勤務する当時三十代のあるビジネスパーソンは、会社の中で、自分しか出せない価値を出すために、厳しい業務目標を設定された中でも、CPA(米国公認会計士:Certified Public Accountant の略)の勉強をしたり、英語の勉強をしたり、シンガポールに定期的に通うことまでしてパートタイムのMBAを取得した。

●当時二十代のあるプロサッカー選手は、日本のチームに五年在籍していたが、怪我のために、最初の二年しかプレーできていない状況であった。それでも、どうしてもサッカーを続けたかったので、三年間辛いリハビリを国内で続け、韓国リーグに移籍した。このことによってサッカー選手としての自分の立ち位置をつかめるようになった。

●当時二十代のあるビジネスパーソンはこうコメントした。「顧客に新しい価値を提供したいというその一心で、朝から晩まで働き続けました。その結果が何度も営業成績一位となって現れたのだと思います。とにかく、自分が大切にしている顧客のことしか考えていませんでした」

●当時二十代でNPOを立ち上げた人はこう言う。「自分が実現したいこと、自分が解決したい社会問題に取り組むため、それこそ指紋が擦れてなくなるほどに、大量のビラまきをしたこともあります。でもそれは全く苦痛ではありませんでした。問題を解決するという前向きな気持ちがモチベーションの維持につながったと思います。世の中を見ていて感じる怒りのようなものが、自分を突き動かすきっかけになることもあると思いますが、そういう類のエネルギーは継続のエネルギーにはならないと思います」

●当時三十代の二代目社長は、小さい会社で社員がうつ病になるという経験をし、経営者としていろいろな苦しみを味わった。「小さい会社なので、影響はすぐに周囲に伝わるので大変でした。でも、会社を発展させるという強い思いで、その難局をしのぎきりました」

2. リーダーシップを発揮し周囲を巻き込むための旗としての役割

企業やNPOの創業者やリーダーが掲げる志は、それがそのままその企業、団体の経営理念、存在意義となっていることが多い。その結果、活動に参加する周囲の人を巻き込み動機づける旗としての役割を担うケースが散見される。

たとえば今回のインタビュー対象者には何名かのNPO代表の方がいたが、設立の理念に共感して参画したり、その理念に共感して協力関係を構築する人々が多いことを特徴として挙げることができる。

また、企業再生の局面などでも、そのリーダーの掲げた志が旗印となり、皆の気持ちが一つになるという例が見られた。

周囲を巻き込むという意味においては、中心となるリーダーと直接的に触れ合うことが重要であることは言うまでもないが、それに加え、志が言語化され、その意味が他者に明確に伝わる状態になっていることが大切である。

事実、創業者が亡くなった後でも、企業理念などが企業活動の中心に存在し、それが従業員をはじめとするステークホルダーを惹きつけ続けている事例は数多く存在している。

これに関連して、インタビュー対象者からは次のようなコメントが寄せられている。

● 現在三十代のあるビジネスパーソンは、二度の転職を経て、現在の会社で働くことになった。そのきっかけは、会社のホームページに書いてあった企業理念とＷＡＹを見てピンと来たことだと言う。「起業するならこのような会社」と思っていた企業に出合ったという。

●大企業の企業再生を担った当時四十代のＣＥＯは、最初の大きな会議となる朝礼で「とにかく頑張ろう。もう一度、この会社を素晴らしい会社にしよう。自分も一生懸命やるから、みんなもついて来て欲しい。この指に止まって欲しい」と発言した。その瞬間から空気が変わり、改革が加速した実感があると振り返る。

●父が急逝し、社長を引き継ぐことになった当時三十代のあるＣＥＯは、自分の代で会社をつぶすわけにはいかないという強い思いで仕事に取り組み、社内の風土改革に取り組み続けた。その本気さが従業員に伝わった時に、社内が変化したことを感じた。

●ある三十代のＮＰＯの代表は、給与などを見れば明らかに大企業に見劣りする自分たちのＮＰＯに有名大学を卒業したばかりの若者が来てくれるようになったことは、自分たちが目指していること、やりたいことに共感してくれる人が増えた結果と理解している。

●現在あるコンサルティング・ファームに勤務するビジネスパーソンは、学生時代にアルバイトをした会社の経営理念を今でも明確に記憶しており、それが現在のビジネスパーソンとしての一つの大きな価値観を形作っていると言う。

3. 自分の取り組みが、もともとの目的や目標からずれていないかを測り続ける心のアンカーとしての役割

志は時に、自分の行動が正しいかを確認する心のアンカーとしての役割を果たすこともある。忙しさにかまけると、何のためにやっているのかという目的感を失って、ただ流れ作業のように仕事をしてしまう経験は誰にでもあるだろう。そんな状況を打破してくれるのも、志の持つ大きな役割である。

ハイケ・ブルックとスマントラ・ゴシャールは『意志力革命』(ランダムハウス講談社)という本の中で、アクティブ・ノンアクションという概念を示した。これは、「忙しく働いて(動いて)はいるが、目的意思を持った行動をしていない」ということであり、ミドルマネジャーが陥りやすい状況であるとしている。まさにこのような状況を打破するためにも、志が明確になっていることは重要なのである。

この場合には、志は進むべきベクトルを示す矢印の役割を果たすため、そのものが言語化され、いつでも振り返ることができる状態になっていることが非常に重要である。

これに関連して、インタビュー対象者からは次のようなコメントが寄せられている。

●ある企業の四十代の女性CEOは、自分が何かに取り組む時には、いつも「常に新しい価値を顧客に提供しているか」という自らの志に立ち返るようにしているという。

●現在ある事業会社のCOOである四十代のビジネスパーソンは、大きなことを判断する時は、いつも自らの志である、「この経営で人々を幸せにすることができるか」を考えるという。
●大企業の再生をリードした当時四十代のCEOは、企業再生のプロセスの中で、常に「一万人を超える社員とその家族を路頭に迷わせることはしない」という志に立ち返り、様々な施策を考えた。
●ある三十代の女性ビジネスパーソンは、悩んだ時は常に「今自分ができるベストかどうか」を心に問いかけるという。
●ある四十代のビジネスパーソンは、自宅の壁に自らのパーソナル・ミッションを掲げ、毎日それを見てから会社に行くという。

さて、実行フェーズにおける志の役割について議論してきたが、このパートの最後に、実行にあたる際の心構えについて記しておきたい。

インタビュー対象者の多くが、実行している時のエネルギーレベルの高さ、懸命さのレベルについて言及している。つまり、非常に高いレベルでことにあたらなければ、次にはつながらないということである(次項で述べる「やり切った感」を伴う志の終焉につながらない)。実際に語られた内容を見てみよう。

●当時四十代の戦略コンサルタントは言う。「何かに取り組むといっても、どういうレベル感で取り組んでいるかが非常に大切だと思います。本当にそれに自分をかけているかということです。少なくとも私は同世代のコンサルタントの中では最も多くの本を読み、最も多くの思考を投入してきたという自負があります」

●五十代のある企業のCEOは言う。「決めたことは最大限の努力をしてできるようにチャレンジするだけだと思っていました。トップになった今もその気持ちは全く変わっていません。決めて一つやってみて、だめだったら諦めるのではなく、また次の手があるのでやってみる。自分が考えつく全部の手をやってみてだめだったら諦めるかもしれないけど、今まで諦めるところまで来たことはないと思います。だから、とにかく全力を尽くさない人の気持ちはわかりません」

●四十代のあるビジネスパーソンは言う。「二十代の後半、プロジェクト・リーダーを担当していて、一度本格的に体を壊したことがあります。ああ、ここまで来ると体も心も壊れるのかと実感しました。でも、自分がどこまで頑張れるのかの実感値を持つことができたのは非常に大きかったと思います。あの時を思い出すと、まだ頑張れる。そう思える自分がいます」

●当時四十代の企業再生に従事していたCEOは言う。「あの時は、本当にそれがすべてでした。自分がやれるすべてのことをやりつくした時、初めて神頼みをする心境になりました。そんな心境になるまで仕事をしていました」
●ある外資系製薬会社の六十代の会長は言う。「トップとして社員には、ワーク・ライフ・バランスを、と表面上は言うけど、実際トップになる人はがむしゃらに働いている。本音はワーク・ライフ・バランスなんて三十代が言うな、めちゃめちゃ働いてはじめて四十歳以降生きていけると言いたい」
●三十代のあるビジネスパーソンは言う。「自分の最大限の力を出さないで仕事をするなんてあり得ない。全力を尽くした向こう側にしか見えてこないものがある」

今取り組んでいることに、どの程度のエネルギーをかけているか、是非一度考えていただければと思う。

達成への取り組みのポイント

●時折、自らが設定した志に立ち返り、それを忘れないようにする。
●他人を巻き込んでことを進める場合は、志をわかりやすい言葉で明示し、常に共有できる状態にしておく。
●高いエネルギーレベルを維持し、ことにあたり続ける。

（5）取り組みの終焉

最後は取り組みの終焉である。取り組んできたことが終焉するということは、すなわちモチベーションが限界を迎えた、またはそのモチベーションに向かって活動を継続することが事実上不可能になったということを意味する。

前者の場合、モチベーションが限界を迎えるといっても、いきなり終わりを告げるのではなく、取り組みの後期から徐々にモチベーションが下がり始め、何らかの刺激（インパクトの大きい出来事に出合うなど）をきっかけに活動を継続することが困難になる場合が多い。

強制終了の場合や自らの意図と反してその営みを止めざるを得ないという場合には、すっきりと心の決着がつかないこともある（今回取材した元Jリーガーのように、あるチームでの活動は強制終了となったが、次のチームを自ら求めに行くという形で志を維持するケースも見られた。また、第5章の事例にもあるように、本当の意味で心に決着がつかずに長年心の中でくすぶり続けたものについて、ある時、その志を追求する気持ちが一気に顕在化するといったことが起きる場合もある）。いずれの場合でも、ウィリアム・ブリッジズが、『トランジション』（パンローリング）の中で指摘しているように、これまでコミットしてきたことをしっかりと終わらせる、思いを断ち切ることは、非常に難しいケースが多い。時に自らのアイデンティティの崩壊にもつながる可能性がある。ましてや、それが自分の志であるという認識が明確なものであれば、その困難さは高まり、ある意味で、「志を終焉させるという勇気」が、次に進む第一歩目につながっているとも言えるのである。実際に、あるインタビュー対象者は、次のようなコメントを残している。

「あるプロジェクトに従事していた際、最初は、心の中で大きな炎が燃えているような状況だったが、だんだんその炎は小さくなっていき（情熱が失われていき）、その小さくなった炎に息を吹きかけ、火を完全に消しきるようにして、その取り組みを意図的に終焉させた。」

モチベーションが限界を迎えるパターンは以下の四つに分類することができた。

1. その活動自体が本人の意向の如何によらず終了した
2. 自身（あるいは組織）のパフォーマンスが向上（成長）している実感が鈍化する、または完全にやりきった感覚になる
3. 別の目標（志）が登場した
4. 最初からコミットする期間を決めている

個々に見ていくことにしよう。

1. その活動自体が本人の意向の如何によらず終了した

本人の意向とは無関係に、取り組んでいる対象が終焉する場合がこれにあたる。たとえば、勤務している企業の倒産、部署の廃止、企業再生が完了し、別の人の手に渡るなどである。

このパターンの場合、本人のモチベーションが限界を迎えていない場合もあり得るが、継続不能という現実を目の当たりにして、かなりの長期間を必要とすることもあるが、徐々にでもそれは低下していき、あるタイミングで終焉を迎えるケースが多い。

具体的にインタビュー対象者が置かれた状況には次のようなものがある。

●当時三十代で、あるメーカーに勤めていた研究員は、会社の抱えたトラブルの関係で、自分が従事してきた関連事業のプロジェクトが終了し、一生懸命やってきた仕事を継続することが不可能になってしまった。

●当時三十代で大企業に勤務していた女性起業家は、当時は、子供を産む＝会社を辞めるという雰囲気が社内に蔓延しており、会社を辞めざるを得なかった。

●ある会社の再生を果たした当時四十代のCEOは、再生を手掛けてきた事業会社の合併が完了し、期待されてきた役割が終焉した。買収先での自分の役割は考えることができなかった。

●当時二十代のプロサッカー選手は、怪我などが原因でプレーヤーとしての引退を決断せざるを得なかった。

2．自身（あるいは組織）のパフォーマンスが向上（成長）している実感が鈍化する、または完全にやりきった感覚になる

「一定期間、人生をかけてコミットできるようなこと（目標）」として取り組んできたことを通じて得られる高揚感が低下し、自分自身のモチベーションに限界が生じるパターンである。これは、ある目標に向かって一生懸命取り組んでいる中で、成長実感がなくなったり、やりきった感が醸成されるため、志実現のためのモチベーションが消えていくのである。取り組みのフェーズの後半から徐々にモチベーションが低下するといった状況になる場合もある。ただし、それまで取り組んできたことには一定の慣性力があるために、いざとなると終わらせることに恐怖を感じ、完全に終焉を迎えさせることが、うまくいかない場合もある。

具体的にインタビュー対象者に起こったことは次のようなことである。

- ある大手メーカーに勤務する当時三十代のビジネスパーソンは、仕事面を考えた時、現在働いている会社ではやりたいことがない、これ以上勤め続けていても自分の成長がないと思ってしまった。
- 当時三十代で臨床医をしていたインタビュー対象者は、大学の教授になることが唯一の価

値であり、留学も、論文を書いてアカデミックなポストを得る手段と捉えていた。しかし、アメリカにいる間に、そういうことができる人は自分以外にもいると思い始めた。このままでは自分は輝かない、自分にしかできないことがあるのではと考え始めた。

●国の機関の下で進められた大企業の再生を任されたあるＣＥＯは、その企業が別の大企業に吸収されたことで、ビジネスを軌道に乗せるという一定の役割を終え、退職を決意した。

「最後は自分自身の心に、タオルを投げ込んだ感覚だった。もういいよ、と」

ある志が終焉を迎えようとしている瞬間に関する記述をいくつか引いてみよう。

正月、副社長の藤沢が専務を介して本田にいってきた。

「今年の創立記念日にはやめたい」

とたんに、本田はいった。

「二人いっしょだよ、おれもだよ」

その後、二人が顔を合わせる機会があった。

「まああだったな」

本田は過去形でいった。

「幸せだったな」

と付け加えた。

出典：『本田宗一郎との一〇〇時間』（城山三郎著、講談社）

平成8年（1996年）2月、転機が訪れた。

昭和54年（1979年）に20歳で上勝に来てから17年、37歳になっていた私は、このころにちょっと、そろそろ、もうこれくらいでいいかなという気持ちが出てきてた。

上勝で農協の仕事をするのも40歳ぐらいまでにしようかなあと、その数年前からなんとなく考えていた。その歳が近づいてきて、今の仕事に注ぎ込む情熱が切れかけてきた。

「もうちょっと違う、変わったところでも働いてみたいなあ」

違う世界を見てみたいという、好奇心や欲も出てきていた。

出典：『そうだ、葉っぱを売ろう！』（横石知二著、ソフトバンククリエイティブ）

ちなみに横石氏は、その後、紆余曲折あり、今も葉っぱビジネスに新たな形で関与し続けることになる（現在株式会社いろどりＣＥＯ）。

3．別の目標（志）が登場した

「別の志の登場」に関しては、新しく別の志が生まれてくる場合と、既存の志の延長線上で志が発展する例と、消えずに残っていた志に何らかの刺激で再度火がつくという三つのケースが存在した。最初の二つがより一般的である。

現在の志に向かって活動を継続する中で、様々な人と出会い、能力開発が成され、視野が広がり、結果として自らの可能性が大きくなったときに、別の志が生まれてくるという状況である。全く関係のない志が生まれることもあるが、既存の志の延長線上に、より利他性、社会性の高い志が生まれるケースが多い。

社会性の高まりについては後述するが、実際にインタビュー対象者の一人からは次のようなコメントが寄せられている。

「僕の志の変化の中で、確実に言えることは、ある目標を達成する毎に、つきあう人の種類が変わり、ある意味レベルが高くなり、それが僕に大いなる刺激を与えてくれたことは間違いありません。その結果、志が成長するスピードがどんどん速くなっている気もしますし、私心がなくなり社会性が高まっている気もします」

具体的にインタビュー対象者が置かれた状況には次のようなものがある。

新しく別の志が生まれる例

●当時二十代のビジネスパーソンA氏は、大学卒業後、大手損害保険会社に就職し、その後、企業研修会社に勤務し、熱意を持って仕事に取り組んでいた。そんな折、大学時代に所属した体育会の部では、カリスマ監督と学生の年齢が、おじいちゃんと孫ほど開いてきたこともあり、学生が監督の言っていることを理解できないような状況になっていた。そのため、監督と選手の間に立って緩衝材の役目をする人間が必要であり、その白羽の矢が自分に立った。A氏は、「監督の言葉がわかる」、「全国大会で優勝した経験」、「学生と一緒に体を動かせる」という三つの理由からこの役目が自分にしかできないことではないかと考えていた。そうしたところに、チームで不祥事が発生する。「誰もが様子見をしている状況に我慢できずに自分から監督にお手伝いさせてほしいと願い出たんです。大きな恩がある監督が困っているのを助けたかったのです」とA氏は語る。

●現在四十代のあるベンチャー企業のCEOは、もともと科学者を目指し、中国から日本に留学し東京大学で博士号を取得した。その後、JAXA（宇宙航空研究開発機構）に就職したが、世の中に直接的に役に立つ仕事を志向し、機械メーカーに就職。そこで技術とマーケットをつなげる仕事を志した。メーカー勤務中にMBAを取得、経営学を学ぶ中で、将来は経営者になることを志す。現在は大学発ベンチャー企業の社長に就任し、企業経営を通じた社会貢献を志向している。

既存の志の延長線上で志が発展する例

●あるNPOの代表は、自らが取り組む活動を通じて、行政や法律家など、多様な人々とネットワークを構築することから、国の制度自体を変えていくことができる可能性を見出した。

現在では、そのNPOがメインで取り組む活動のみならず、NPO等の力を活用した新しい公共の仕組みを作るための活動に邁進している。「もともとの活動に取り組む中で、どう動けばもっと大きな、そして良い影響を社会に与えることができるかが見えてきたんです」と語る。

●グロービスを起業した時の堀義人の志は、ヒト・カネ・チエのインフラを日本に作るというものであり、ビジネス・スクール（企業研修を含む）とベンチャー・キャピタルを起こした。それらのビジネスが軌道に乗ると、アジアNo.1のビジネス・スクールを創るという、次なる目標を設定し、大学院を設立した。同大学院は現在日本最大規模に成長している。現在は二〇一二年に英語で教えるフルタイムのMBAを立ち上げるべく奔走する一方、二〇一一年三月一一日の東日本大震災以降は、日本を元気にするための様々な活動にも重きを置いている。

消えずに残っていた志に何らかの刺激で再度火がつく例

●当時三十代のあるビジネスパーソンは、小さい頃から学校の先生になることに憧れていた。しかし、社会人になる現実的なプロセスで、心の中にあった志に蓋をして、メーカーに就職する。勤務していたメーカーでは新しい分野の研究を担当し、充実した生活を送っていたが、ある時、その企業がトラブルを起こし、その研究の継続は不可能になってしまった。

そのことをきっかけに、先生になりたいという、長年心の中でくすぶっていた志を実現するためのアクションに出た。結果的に、社会人からの教員採用試験に見事合格、現在は中学校の教師として活躍している。

4．最初からコミットする期間を決めている

数名のインタビュー対象者は、あることに取り組む期間を事前に決めていた。これは、外資系コンサルティング・ファーム、外資系のメーカー、投資銀行、一族系企業の跡を継ぐことを前提にしている人に多く見られる傾向である。

自らの実力を高めるためのトレーニングと位置づけ、次のチャンスを求め計画的に職を辞しているのである。最初から期間を決めるというと、腰掛け的なイメージを思い浮かべる読者も多いかもしれない。しかし、実際に志のサイクルを回している人々は、非常に高いエネルギーレベルで小志を実現し続けているのである。

●当時三十代になりたてだったある経営コンサルタントは、尊敬していた上司が四〇歳になる時に転職したのを見ていて、自分も四〇歳になったら仕事を変えようと決めていた。「一年ほど遅れましたが、その時が来たので、新しい活躍の場を求めただけです」

●現在ある企業のCOOは、最初に就職した投資銀行では四年間だけ働くつもりで、就職面

接の時もその話をした上で入社した。

●現在あるメーカーに勤務する三十代のビジネスパーソンは、最初に就職した有名外資系企業では五年間マーケティングの勉強をさせてもらうつもりで入ったと言う。「仕事は厳しく、本当に毎日死に物狂いで働きました。その過程で、海外でＭＢＡを取得したいと思い、それを実現させ、今の自分が形作られました」

ここまで、終焉というフェーズについて述べてきた。

志のサイクルは人間の心の中で動いていくものであり、当然五つのフェーズはきれいに切り分けられるものではない。たとえば、インタビュー対象者のコメントからは、終焉のフェーズの中で、ある程度の客観視をしていると想定されることが多かった。このことは、モチベーションの火が小さくなる＝客観視する準備が整うということを示しているともいえる。

繰り返しになるが、ここでいう終焉とは、あくまで「一定期間、人生をかけてコミットしてきたこと（目標）」の終焉であり、その後、「客観視」にループし、「自問自答」を経て、また新たな目標（志）を見出していくのである。

3 志の醸成サイクルを回す

ここまで、志の醸成サイクルを五つのフェーズに分けて細かく解説してきた。この第2章の最後に、それでは、どのような人が、設定した新しい目標に向かって一歩を踏み出すことができ、どのような人は踏み出すことができないのかについて見ていこう。

読者によっては、志の醸成サイクルを回し、やりたいと思える何かを見出し、転職活動を行い、内定を得た後でさえ、最後の一歩を踏み出せなかったという経験をお持ちかもしれない。またビジネスプランを書き、仲間を募り、起業の準備をしても、最後にその時の勤務先に退職届を出すことができなかった人もいるだろう。実際に、これらの話を聞くことは多い。

以下では、「その時に、その人が持っている前提が、新しいものに置き換わることが重要であること」、「次の選択肢に対する思考が、詳細かつ分析的に行われていることが重要であること」、「自己効力感を高めることが重要であること」の三点から、「一歩踏み出す」ことについて解説していく。

図表2-3　シングル・ループ学習とダブル・ループ学習の概念図

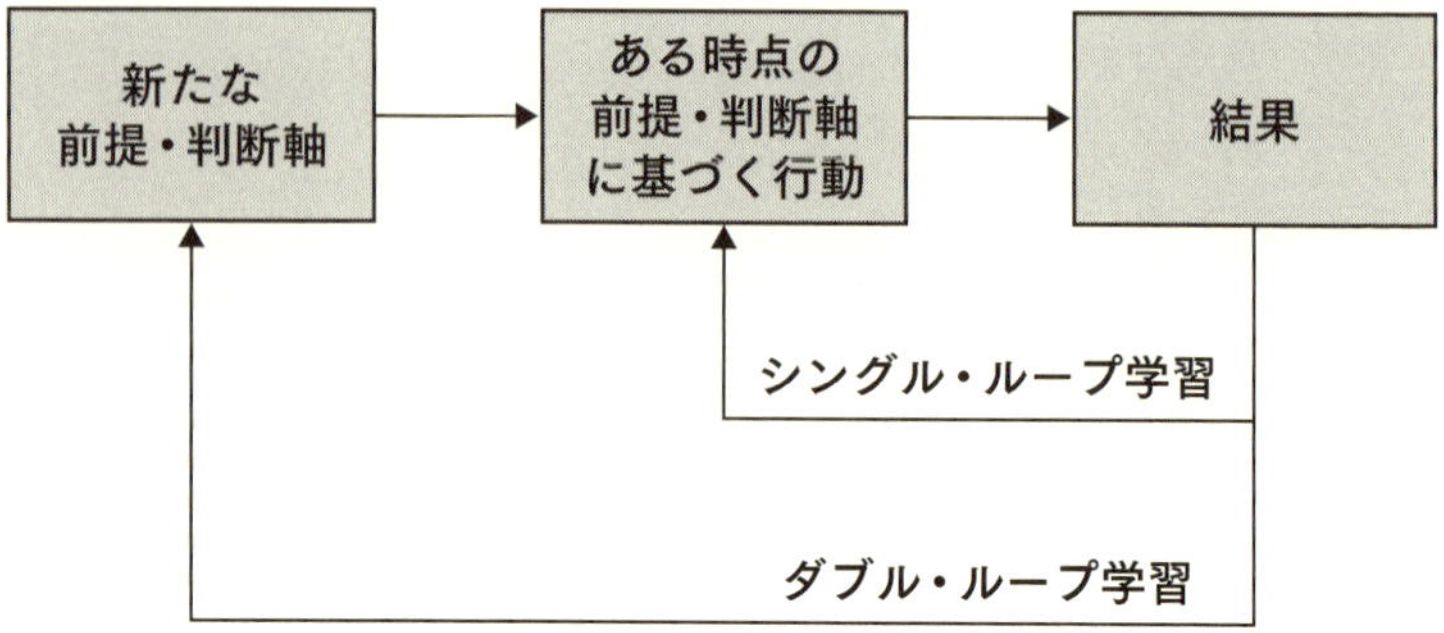

（1）自らの既存の前提・判断軸を置き換える

新しい目標を設定して、その達成に向かって、何らかの行動を起こす際には、当然、その時にその人が持っている「前提」や「判断軸（基準）」が大きな影響を及ぼすことになる。前提・判断基準が、不変であれば、行動も変わりにくく、新しい志のサイクルに一歩踏み出すことは難しいのである。

クリス・アージリスは、組織変革に関する研究の中で、組織は、小さい改善的なサイクル（シングル・ループ学習）が回るだけでは、大きな変化に適応しながら生き残っていくことは困難であり、過去の成功体験における前提や判断軸を、意図的に自ら忘れ（アン・ラーニング）、外部から新しい知識や枠組みを学び、取り入れ（ダブル・ループ学習）、それをまたシングル・ループ学習によって反復・強化していくことが重要かつ必要だと指摘している（図表2－3）。

図表2-4　ダブル・ループ学習と判断軸との関係

		対象	
		既知の対象	新しく知った対象
前提・判断軸	既存の前提・判断軸	シングル・ループ学習	シングル・ループ学習
	新しい前提・判断軸	ダブル・ループ学習	ダブル・ループ学習

この議論を、そのまま個人にあてはめれば、何らかのきっかけで、すでに持っている前提や判断軸を疑い、別のものに置き換える、または変化させていくことができれば、それが次の行動に影響を与え、一歩踏み出すことが可能になるといえる（具体的にどのような要素が影響を与えるかについては第3章で詳しく説明する）。

一方で、もしこの前提や判断軸の置き換えができない、もしくは置き換えが不十分で従前のものが強い場合、同じところに留まることになる。志が留まるということは、シングル・ループ学習が同じところで、ぐるぐると回ることを意味している。それは、しっかりPDCAサイクルが回っている、ある意味で良い状態ともいえるため、なかなかそこから抜け出すことが難しいのである。

つまり、**図表2－4**に示すように、自分がなし得たいと思うこと（対象）と前提・判断軸のマトリックスで整理すると、既存の判断軸より重要だと認識できる新しい軸を持ち得た人達だけが、ダブル・ループ学習を回し、これまでとは異なるステージに入っていける（少なくても入っていきやすい）といえる。別の言葉で表せば、新しい対象に対する知識だけを得ても、純粋に知識が増えるだけとなり、行動には変化を及ぼさない可能性が高いのである。

同じような環境で、同じような新しい情報を獲得した人の中でも、その後のアクションを比べると全く異なる状況になっているのは、これが理由である。

志の醸成サイクルを回す中で、前提・判断軸の置き換えが起きたと考えられるインタビュー対象者・アンケート回答者のエピソードは以下のとおりである。

●当時三十代のあるビジネスパーソンは、立ち上げから関わり、懸命に働いてきた経営企画部が突然解散になり、途方に暮れていたが、その中で自分自身を見つめ直し、別の仕事をする中で、社外の人との接点も増え、次第に勤務している会社でなければならないという考えもなくなり、転職活動をし、最終的に転職の道を選んだ。

●システム・エンジニアとして当時の会社に新卒で入社したあるビジネスパーソンは、二十代半ばで営業を希望し、そこで経営大学院での学びを生かし、実力勝負で成果が出せるようになった。この経験から、明確に「システム・エンジニアの仕事以外でも、やればできる」という感覚を持つようになり、最終的には、起業することにつながっていった明確な感覚があると語る。加えて、離婚したこともあり、価値観が完全に変わり、それも起業に影響したという。

●当時三十代半ばのあるビジネスパーソンは、講演会で、「給与が低くなっても、その間はキャリアを買っていると思え」、「大企業はカッコ悪い」という話を聞いた。自身には全くなかった考え方であり、強いショックを受け、以前より興味のあったNPOへの転職を考え始めた。経営大学院の授業の中で内村鑑三の『後世への最大遺物』（岩波書店）が紹介され、生き方そのものが、後世に意味のあるものになることを学び、「自分らしい生き方を残すなら、自分でもできる！と思った」と語る。その後、このビジネスパーソンは、結婚もしていたが給料が半分になるNPOへの転職を選んだ。

●ある四十代のビジネスパーソンは、アメリカの子会社のリストラを担当した。従業員からすると、まじめに働いている会社からある日突然呼び出され、リストラの話をされ、三十分後には社員でなくなっているというようなことが繰り広げられた。このような状況に直面する中で、自分の価値観、持っていた前提はすべて書き換えられたという。日本の大企業の中で大切に思っていたことの多くが、小さいことのように思え、そして原点に立ち返り、様々な素晴らしい社内異動のオファーをすべて断り、アフリカのボランティア活動に行くことにした。

●ある三十代のビジネスパーソンは、ビジネス・スクールのリーダーシップの科目の中で、自分自身の価値観の棚卸しをしたこと、自社の理念や社会的価値について議論する科目で会社の価値観を棚卸しして、真剣に向き合ったことが、その後の自分の基準を明らかに書き換えた実感があるという。それらの経験が、結果的に起業することに大きな影響を与えた。

●十年以上、誇りを持って取り組んできた開発が、事業採算性の問題で中止になり年単位で悩んでいた三十代のビジネスパーソン。そんな中で経営大学院での学びを始めたが、自分自身と向き合うクラスの中で、その時に従事していた、意味を見出せていなかった仕事を再解釈し、肯定的な意味づけができるようになった。その後は、仕事に邁進している。

一方で、前提の置き換えが起こらなかったと考えられるインタビュー対象者のエピソードは以下のとおりである。

●ある大手銀行に勤務する二十代のビジネスパーソンは、「銀行の給与が身分不相応に高く、それに慣れてしまっている」と語った。元来やりたかった人材系の企業への転職活動も行い、内定まで出たが、最終的には現在の会社に留まることを決めた。「現在の会社に比べて誰も知らないベンチャーに転職することは親から反対された。また給与も今の60％になってしまう。その金額で女性の一人暮らしは問題なくできることも頭では明確にわかっていたが、今の生活を捨てることができなかった。この判断をしている自分は好きではないが」とコメントした。

●ある製造業に勤務する三十代のビジネスパーソンは、経営大学院に進学しようと、科目等履修生として、約半年間の学びを積み上げた。多くの仲間もでき、たくさんの学びもあり充実した時間を過ごすことができたという。本人は、三十代前半で力を付けたい思いは強かったが、一緒に過ごす時間が短くなることを過度に気にした家族の反対にあい、最終的には二年間のコミットを求められる本科への進学は断念することにした。

●あるサービス業に勤務するビジネスパーソンは二十代の終わりに、社内で、北京でのプロジェクトメンバーの募集を目にした。海外で働く憧れは昔からあり、手を挙げることを真剣に考え、上司にも相談したが、結婚二年目という状況もあり、結局家族に言い出せないまま、締め切りを迎えてしまった。「今から考えれば三十歳ちょうどの良いチャレンジの機会を逃してしまった。家族に、相談さえしなかったことに対する後悔は大きく、本当に悔やんでいる。家族から反対されることに対する恐怖感が強すぎたと思う」と語った。

(2) 思考を詳細化、具体化する

次に、思考の詳細化と具体化について見ていこう。

世の中には、自身のキャリアなどについて、長い時間「悩んでいる」と告白する人が少なくない。ここで、気をつけなければならないのは、「悩んでいる」という状態についてだ。悩んでいるというのは、例えば、「次はどうしよう」、「私は何がしたい人なんだろう」、「私は転職すべきなのだろうか」といったように、抽象度の高いフレーズだけが頭の中を渦巻いており、ある種の思考停止状況になっている場合が多い。しかし、このような状況になっている人自体は、自分では考えている気分になっているため、一定の満足感がある。しかし、現実には、それ以上考えが深まらないため、行動を含め、そこから先には進みようがないのである。

一方で「考えている」というのは、本来、何について考えなければならないのかという論点を整理し、できるだけ抜け漏れなく、次に対するオプションを洗い出し、(つまり、考えを詳細化、具体化し)、自らの価値観に基づく評価基準を決め、絞り込むために、思考を深めているという状態を指す。悩むと考えるは、似てはいるが、完全に異なる営みであることに留意が必要である。

印南一路は『すぐれた意思決定』(中央公論社)の中で、ある種の理想的な意思決定として次のようなモデルを示している(**図表2－5**)。合理的に意思決定をするためには、複数の選択肢を持つこと、判断基準を明確に持つことなどが重要であるとしている。

合理的な判断をするためには、ある程度の時間をかけ、「しっかり考えた」後に、意思決定をすることが望ましい。しかし、自らのキャリアや志に関する意思決定をしようとした際には、

図表2-5　規範的な意思決定論における意思決定の流れ

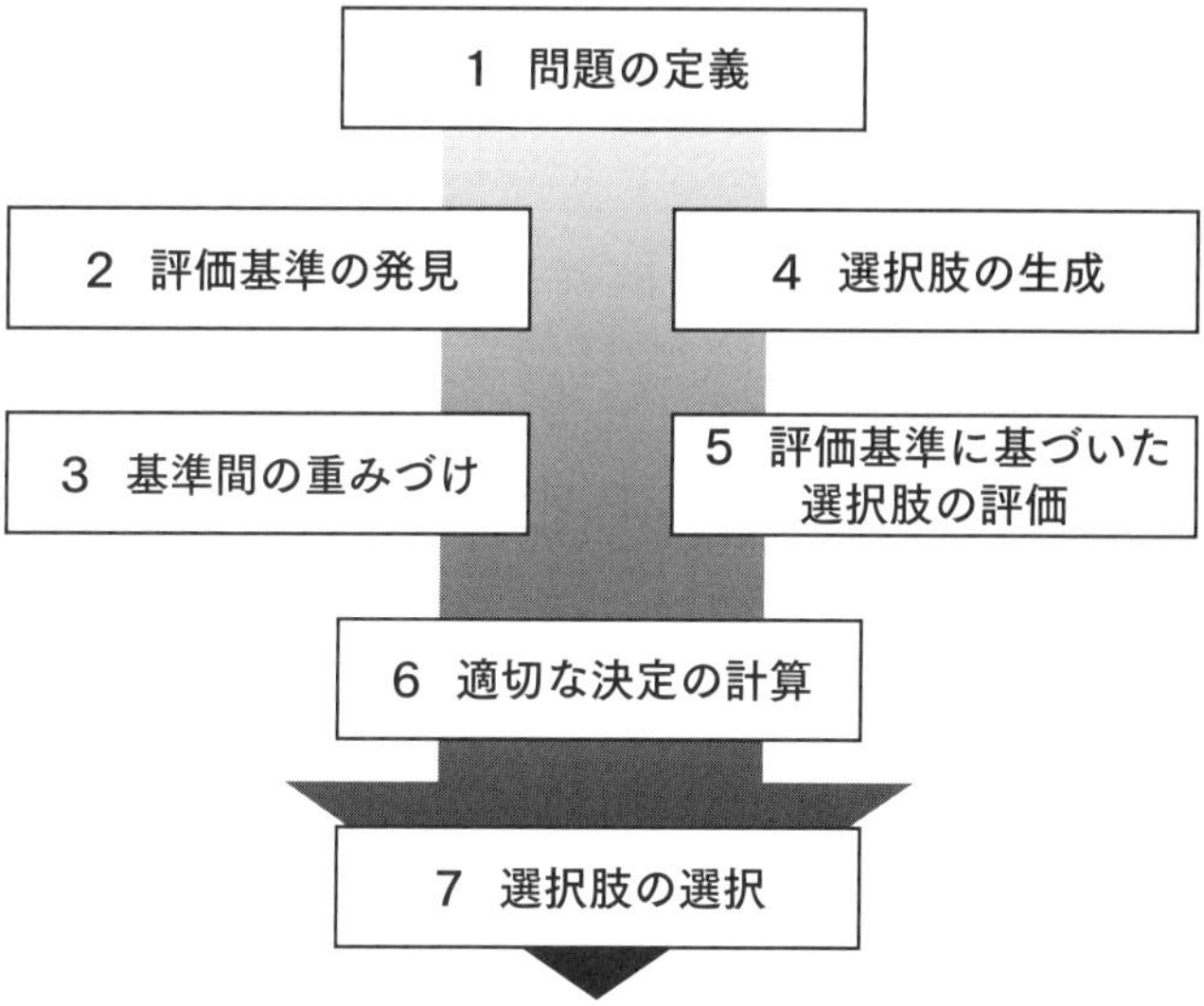

出典：印南一路『すぐれた意思決定』中央公論社、1997

感情などが複雑に絡み合い、最終的には、論理を超えたところにジャンプすることも多いかもしれない。しかし、たとえそうであったとしても、その前の準備段階としての思考の深まりがなければ、選択肢を整理することもなく、多くの場合、一歩踏み出すということにはつながっていかない。思考を詳細化し、具体化すればかならず一歩踏み出せるというものではないが、その確率を上げることには間違いなく貢献するはずだ。

思考を詳細化し、具体化することで、一歩前に踏み出すことができたインタビュー対象者・アンケート回答者のエピソードは以下のとおりである。

●大手製造業に勤務していたある三十代のビジネスパーソンは、経営大学院の授業で「知の極み＝信念」という話に出合った。とことん考え抜くことが自分の信念を形成するという意味の言葉で、できる範囲の中でこのことにチャレンジしようと考えたという。仕事に影響が出ないようにしながら、一日七時間、一週間考え続ける時間を確保し、一週間の思考の後は、とにかくたくさんの人に会うようにし、四カ月で百人と面会した。半年後ベンチャー企業のＣＦＯ（最高財務責任者：Chief Financial Officer の略）として転職を果たした。

●ある三十代のビジネスパーソンは、現在勤務するコンサルティング・ファームから内定が出た後に、本当に転職するかどうかを悩み、詳細にメリット、デメリットを書き出し評価をしたという。

●ある三十代のビジネスパーソンは、自分が本当に心から好きなことを毎日のように書き出し、自分の人生で変えたいこと、変えたくないことを明確にした上で、その時勤務していた会社に残ることを決めた。

●ある三十代のビジネスパーソンは、経営大学院の授業の中で、現在の勤務先の調査を実施した。ＣＥＯや大勢の幹部と出会い、色々なことを勉強させてもらった。相当数のインタビューを行い、徹底的に業界、その企業について考えを深める中で、そのことが自分のキャリアの可能性を広げ、最終的には転職することにつながっていった。

●ある四十代のビジネスパーソンは、製品開発から企画への異動希望をする際に、一カ月ほど、自らの目指す姿を仮置きし、自分がやりたいことを実現するためには留まるか、異動するかを、精緻にメリット、デメリットを書き出し、評価して判断したという。

(3) 自己効力感を高める

最後に、「自己効力感」の重要性について見ていく。自己効力感は、『社会的学習理論』(金子書房)などの中で、アルバート・バンデューラによって提唱された考え方であり、「**自分がある行動について、やることができるという自信や気持ちのこと**」である。自分の行動について、自分自身がコントロールできているという感覚、自分が周囲からの期待や要請に対応できているという確信が持てた時に、自己効力感は高くなるといわれている。

キャリアの側面から見てみると、人は、自己効力感が高い分野や職業を選択する傾向がある。逆に言えば、一旦、ある職に携わりたいという意思を持ったとしても、自己効力感が低い場合には、最終的にはそれを手放し、その職は選択しない可能性が高い。つまり、ある新しい目標が決まったとしても、その分野に対する自己効力感(やればできるという感覚)が一定程度高くない場合、そこに踏み出さない可能性が高まるのだ。

バンデューラは、四つの影響により自己効力感は醸成されるとしている。

①成功体験

成功体験は、自己効力感を生み出す効果的な方法であるが、その体験の質（乗り越えた困難の大きさ）が重要である。

②代理体験

自分と似たような人が、成功する姿を見ることは、自分もそういうことができるという考えを生むことに役に立つ。逆に失敗している人を見ることは、自己効力感を低めることにもつながり、モデルとした人と自分の類似性が高いほど、自己効力感への影響は大きくなる。

③社会的説得

第三者からある行動を勧められると、そのようなコミュニケーションがない場合よりもその実現のために多くの努力をする傾向がある。

④生理的・感情的状態

体調や健康状態は、あることを実行・実現できるという効力感に影響を与える。また、肯定的な感情は自己効力感を高め、否定的な感情は自己効力感を低下させるとしている。

これらの四要素が、うまく作用すれば、自己効力感が高まり、一歩前に踏み出す可能性が高まるといえる。自己効力感の高まりに関するインタビュー対象者・アンケート回答者のエピソードは以下のとおりである。

●当時二十代のあるビジネスパーソンは、それまでも懸命に頑張って働いてはいたが、自分がリーダーになるという感覚は全く持つことがなかったという。ある時、非常に重要な仕事を任せられ、大きなプレッシャーを感じながら、それをやりきった経験、そこで感じた充実感からリーダーになることの意味を理解し、そうなる覚悟ができた。（成功体験）

●当時二十代のあるビジネスパーソンは、結婚を機に人生について色々考える中、大企業の非常に良いポジションへのヘッドハントを受けた。これがきっかけになり、考えを深め、たまたま出会った投資家の影響もあり起業することにした。この背景には、学生時代に持った死生観、その時勤務していた会社のCEOの熱い思い、大学院で学んだことにより、やればできる感覚が高まっていたことが影響しているという。（成功体験、社会的説得）

●当時三十代のあるビジネスパーソンは、「経営大学院在学中は、講師に非常に大きく影響を受けました。まず、独立や起業に際しては力強く後押しして下さり、必要な人をご紹介頂いたり、ホームページにも掲載頂いたりしてサポートして頂きましたが、その力加減が絶妙で、まったく押しつけがましくなく、負担に感じるようなこともありませんでした。

先生と生徒というより、ビジネスの仲間として扱って頂いていることが常に感じられ、気持ちよく前に進むことができたと思います。」と語った。（社会的説得）

●当時三十代のあるビジネスパーソンは、経営大学院では、リスクをとって前に進む仲間に多くの刺激を受けたと語った。「自分もできる、やらなければと思えたのは、友人のおかげです。私はそういった人の考え方や志を聞くことで勇気づけられたと思います。」（代理経験）

以上、第2章では志の醸成サイクルの五つのフェーズと、一歩踏み出すために必要なことを見てきた。もし、思考を巡らせ、新しい目標を設定したにもかかわらず、それでも前進できないという方は、ぜひ、現在の自らの心をブロックしている前提は何かを見直し、それは本当に自分自身にとって大切なことなのかどうかについて、まずは再確認していただきたいと思う。

第3章

志のサイクルに影響を与える要素

第2章では、志には五つのフェーズがあり、それらがサイクルとして回るものであること、そして回していく上で「既存の前提の置き換え」、「思考の詳細化、具体化」、「自己効力感の高まり」が重要であることについて説明してきた。続いてこの章では、これらの三要素について、どのような刺激が加わって、変化を起こしたのかについて見ていくことにしよう。

インタビューから得られた結果を中心に、何が志のサイクルを回していくことに関連していくのか、つまり何が次のフェーズに進むことをドライブするのかを整理すると、**図表3－1**のようになった。

これらの要素は、「志」のサイクルにどのような影響を与えるだろうか。ここでは、「影響の与え方」を三つに分類した。この三つの分類とサイクルの関係性は概ね**図表3－2**のように表現できる。

まず、この三つがどのようなものかを見てみよう。

1．「志」のベースとなる価値観を育む役割を果たす（客観視→自問自答→新たな目標の設定）

一つ目の役割は、サイクルでいうと主に、客観視、自問自答、新たな目標の設定の部分と深く関係する。

「新たな目標を設定する」フェーズまでは、基本的に思考を深める段階であり、これまでに経験してきたことを通じて形成されたその人の価値観が反映されたものになるというのがその主

図表3-1 志のサイクルに影響を与える要素

大分類	中分類	小分類	解説
実体験	一時的	1 場所の変化	● 物理的な場所の変化、転勤や転居、留学など
		2 情報の入手	● テレビやラジオ、雑誌、WEBなどの媒体から得る情報 ● あくまでもニュース的な情報であり、書籍とは分けている
		3 事件との遭遇	● 不祥事、破綻、事件、事故、天災などとの遭遇 ● 本人でなくとも、身内や近い人間が遭遇するケースもある
	持続的	4 人との関わり	● 家族や友人、恩師、上司・同僚など身近な人との関わり ● 言葉だけでなく、接し方や育て方、存在まで含む
		5 一定期間の経験	● 業務目標完遂、再生案件の成功、改革の推進、事業立ち上げなど ● 結果については成功ばかりではなく、失敗も含まれる
仮想体験		6 哲学や思想・宗教との出合い	● 教育や活動、読書などによって思想的な背景を得る ● 特に自分の位置づけを明確にすることにつながる
		7 教育機関での知識・スキルの習得	● MBAに代表される高度な知識やスキルなどの習得

要因である。また、時には価値観そのものがこのフェーズで再構築されることもある。

なお、**図表3－1**で分類したすべての項目が、価値観の形成に何らかの影響を与えており、また、志を成し遂げるために取り組んでいる間に経験することが次の志のサイクルに大きな影響を及ぼすことは言うまでもない。

2.「志」に踏み出すきっかけを与える役割を果たす（新たな目標の設定→達成への取り組み）

新しく見つけた志に対して、実際に一歩踏み出すことができる人とそうでない人がいることに着目すると、何がその違いに影響しているのかを検討することには大きな意味がある。

インタビュー対象者のコメントからは、**図表3－1**の「実体験」の項目がきっかけとなって一歩を踏み出しているケースが多いことがわかった。

3.「志」を実現する自信やエネルギーになる役割を果たす（達成への取り組み→取り組みの終焉）

多くのインタビュー対象者が「志」に突き進むことに対しての恐れや不安を持っていなかった。その背景には、経験に培われた自信、あるいはその根拠となるスキルが存在している。そのような自信は、**図表3－1**の実体験、もしくは仮想体験などにより支えられているケースが多かった。

図表3-2　志のサイクルに影響を与える要素と志の成長サイクルの関係

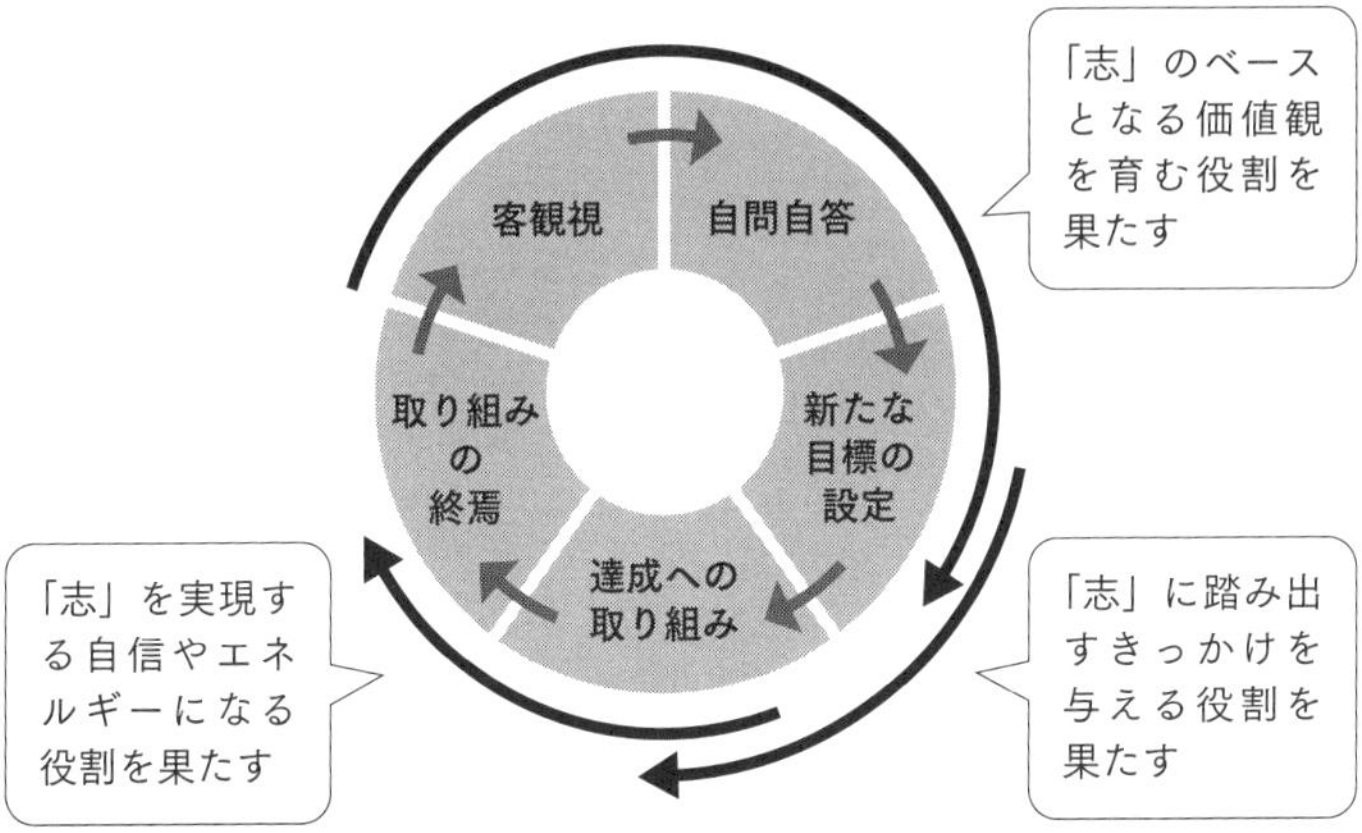

大分類	中分類	小分類	「志」のベースとなる価値観を育む役割を果たす	「志」に踏み出すきっかけを与える役割を果たす	「志」を実現する自信やエネルギーになる役割を果たす
実体験	一時的	1 場所の変化	○	○	
		2 情報の入手	○	○	
		3 事件との遭遇	○	○	
	持続的	4 人との関わり	○	○	
		5 一定期間の経験	○		○
仮想体験		6 哲学や思想・宗教との出合い	○		○
		7 教育機関での知識・スキルの習得	○		○

次に、志のサイクルに影響を与える要素を、**図表3―2**の小分類ごとに見ていこう。

1 場所の変化

インタビュー結果から、物理的な場所の変化は、「志のベースとなる価値観を育む」と「志に踏み出すきっかけを与える」の二つの要素との関連が深いことがわかった。

具体的には、海外留学、海外赴任、国内での転勤といった変化である。生活する場所が変化することにより、不可避的に生活パターンやライフスタイルが変わることや、コミュニケーションをとる相手が変わることが大きな意味を持つのである。

たとえば、海外での生活を経験することにより、文化の違い、宗教の違いなどを目の当たりにし、価値観に大きな変化がもたらされたり、それまでの人生とは異質のものに触れることにより、自らの客観視が促されたり、自問自答のきっかけとして機能することが数多くのインタビューから確認できた。

インタビューで具体的に語られた場所の変化から来る影響は以下の通りである。

価値観を育む

●現在四十代のある企業で働く医師は、親の転勤の関係により幼少期を海外で過ごし、いじめにあったことが、その後に日本人であることを強く意識することにつながった。

●現在四十代のあるCEOは、幼少期を海外で過ごし、人と違うことをしたり、発言しなければ意味がないと強く思うようになった。

●現在五十代の女性CEOは、ウォールストリートの最前線で働く機会があり、その価値観の中で仕事をした結果、逆にそれでよいのかという思いが募った。

志に踏み出すきっかけ

●グロービス・グループ創業者の堀義人は、商社に勤めていた当時、海外のビジネス・スクールへの留学を経験し、日本にもアメリカのビジネス・スクールのような教育機関を作りたいと思い、起業するに至った。

●あるビジネスパーソンは、学生時代にアメリカに一年間留学し、開発経済を学んだ時の経験から、本来あるべき支援を考えたいという思いを強くし、発展途上国への留学を決意した。

2　情報の入手、事件との遭遇

その人自身にとって意味の大きい情報や、事件・事故との遭遇が、価値観に影響を与えたり、結果として自らの立ち位置を見直し、志に踏み出すきっかけになるケースも多い。特に、志に踏み出すきっかけとなる情報は、得ようと思って得られるものでない場合が多く見られた。逆に言えば、偶然性は高いが、それ故に、本人に与えるインパクトも大きく、大胆な決断が生まれることにつながるケースが散見された。

インパクトの大きい事件や事故は、その事象に直面した時には、怒りなどを伴うネガティブな感情を生むこともある。そんなことが起きているのはおかしい、その世の中をどうにか直したいといった感情である。

この種の話は比較的多くのインタビュー対象者に当てはまるが、ネガティブな感情はあくまできっかけを作るにすぎず、志の実現に向かわせる継続のエネルギーは、ポジティブなものに変化している場合がほとんどである。

実際にインタビューの中で、あるＮＰＯの代表はこんなコメントをしている。「ネガティブな感情は継続のエネルギーにはならないと思います。あくまで、その瞬間のきっかけや爆発のエネルギーになるのでしょう。継続するためにはやはりポジティブなエネルギーで満たされていないと、人もついてこないと思います」

災害ボランティアを一六年継続している人物も言う。「私の活動の大元は、憤りでした。こんなことがまかり通るこの世の中はおかしいと。でもそれは最初だけ。今はごく自然に困った人におせっかいを焼いているだけです」

インタビューで具体的に語られた情報の入手、事件との遭遇に関するコメントは以下のとおりである。

価値観を育む

●あるビジネスパーソンは、姉が阪神・淡路大震災で被災し、生きるということに関する価値観をはじめ、その後のものの見方が大きく変わった。

●四十代のあるコンサルタントは、当時の上司が「四〇歳になったら新たなチャレンジをする」といって、会社を辞めてしまったことのインパクトが強く残っており、自分もそうするべきだと強く思うようになった。

●当時三十代のあるビジネスパーソンは、勤務先の不祥事で「大企業の論理」を見てしまい、大企業で働くことの意味を問い直さざるを得なくなり、その意味を見出しにくくなってしまった。

●現在四十代のあるビジネスパーソンは、決してつぶれないと思っていた勤務先が破綻し、すべてのことは変わり得ることを実感し、その後の人生に大きな影響を与えた。

志に踏み出すきっかけ

●現在四十代で製薬企業に勤務するあるビジネスパーソンは、テレビのドキュメンタリーでアフリカの医療列車「ピロペパ号」を見て衝撃を受け、将来は医療を通じた社会貢献をすることを誓った。

●現在三十代の医師は、留学先で、著名な日本人教授が大学教授の職を辞して製薬会社に転職するのを目の当たりにした。彼に与えられた衝撃は大きく、後に自らも製薬企業に転職することになった。

●あるビジネスパーソンは、日本のメーカーからアメリカのメーカーに転職後、特に大きなミスをしたわけでもない上司がいきなりリストラされるのを見て、自分の能力を徹底的に高めなければならないと強く思った。

●当時三十代のあるビジネスパーソンは、娘のＰＴＡの活動に関与したときに、小学校の状況に危機感を覚え、先生に刺激を与えるためのＮＰＯを立ち上げた。

●当時三十代の、ある製薬会社の経営者は、トイレで用を足しているときに、隣り合わせた役員から突然異動を命じられ、それがグローバルで活躍するきっかけとなった。

●当時三十代でいろいろなビジネスを手がけていた人物は、自らが阪神・淡路大震災で被災し、すべてを失った。それがきっかけで、災害ボランティアに従事することになった。

●ある三十代のＩＴ企業のＣＥＯは故郷が東日本大震災で被災したことがきっかけで、被災地復興のための別会社とＮＰＯを立ち上げ、その活動に邁進している。

ある出来事との出合いがその後の人生に大きな影響を与えた記述を引いてみよう。

阪神大震災の年の6月、会長を退いた小倉は、作業所（引用者注：障害者が働く場所のこと）という存在に関心を寄せ始めていた。（中略）

明けて1996年2月、小倉は共作連の藤井と共に、障害者施設の数々を見に出かけた。（中略）藤井によれば、これが今の財団活動を支える大きな原点になったのではないかと言う。「小倉さんはあまり口に出して言わないタイプですから、具体的な感想は覚えていません。ですが、かなりショックを受けておられた。ずしんと重いものを見たという感じだった」

（中略）

訪れた施設の中で、最も「障害者の自立と社会参加」に近い位置にある作業所に対して、小倉は自分に何ができるかを問いかけ始めていた。

出典：『小倉昌男の福祉革命』（建野友保著、小学館文庫）

3 人との関わり

人は人との直接的なコミュニケーションから大きな影響を受ける。そういう意味では、当然のことながら人との接触は価値観の形成に大きな意味を持つ。また、これまでに書いてきたとも、すべて人との関わりは多かれ少なかれ存在しているが、特定の人物との出会いや会話、かけられた言葉が直接的に志に踏み出すきっかけとなることも多く見られる。

今回のインタビュー対象者から寄せられた回答を見ても、比較的多くの人が、いわゆるメンターと言えるような存在の人から大きな影響を受けている。メンターとは、難しい問題の相談にも乗ってくれ、時に厳しいコメントなどもしてくれる存在である。

ただし、待ちの姿勢でいてはメンターはできるものではない。メンターと言える存在の人を作る努力も、志のサイクルを回していくためには非常に大切である。

インタビューで具体的に語られた、人との関わりが、志に踏み出すきっかけにつながったことを示すコメントは以下のとおりである。

志に踏み出すきっかけ

●当時三十代だった、ある企業の役員は、メンターと慕っていた先輩から「あなたも業績が悪ければリストラされる可能性がある」とダイレクトに告げられ、自らの能力開発を必死でやり始めることになった。

●当時四十代のあるビジネスパーソンは、大学発ベンチャーの社長をしていたある大学教授との会話で、自らの志であった経営者になるという夢を実現できるという確信を持ち、経営の世界に飛び込んだ。

●あるビジネスパーソンは、周りにいる中小企業の二代目以降の社長の意識の低さに危機感を抱き、自分は本当に頑張らなければならないと考え、社内の改革に一歩を踏み出すことができた。

●当時三十代だったビジネスパーソンは、ビジネス・スクールで出会った友人との会話の中で、自分が何をするべきかについて心が定まり、NPOを立ち上げた。

●当時四十代だったあるビジネスパーソンは、悩んでも志を見つけられない三年間があった。自分には志はないのかもしれないと思っていたとき、ビジネス・スクールの講師が「志とは、日々自分が正しいと思うことをやり続けることだ。それを人がある日見たときに〝大きな志がありますね〟と言ってくれる。そういうものだ」と、ホワイトボードに小さな〝志〟という漢字をたくさん書いて大きな〝志〟という漢字を書いてみせてくれた。「それなら自分にもできる！」と思え、社内改革プロジェクトの責任者になる覚悟ができた。

ある出来事との出合いがその後の人生に大きな影響を与えた記述を引いてみよう。

人との関わり

メジャーへの移籍に積極的になろうと思ったのは、僕自身の変化と言うより、仰木監督の一言です。怪我をして間もなく仰木監督に呼ばれ、嫁さんと一緒に食事にいったときのことなんですが、監督が「（メジャーに）挑戦してみてもいいんじゃないか」と言ってくださった。僕も彼女も、また「駄目だ」と言われるとばかり思っていたので、その言葉にとても驚きました。僕にとっては監督の許可が移籍への絶対条件だったので、「監督がＯＫと言うなら、自分ももう一度、積極的になってみよう」と思ったんです。（中略）監督の最初の言葉が僕の気持に弾みをつけたのは確かですね。やはり精神的にも肉体的にも、〃今〃行くことが重要だ、と強く思いましたから。

出典：『イチロー・インタビュー』（小松成美著、新潮社）

4　一定期間の経験

ある程度のまとまった期間、継続的に経験することがその人に大きな影響を及ぼすことは想像に難くない。価値観に影響を及ぼすことは言うまでもないが、ある経験が、志の実現に向けてのエネルギーとなったり、自信となったりしていることも多かった。このことを裏付けるインタビュー対象者のコメントは以下のとおりである。

「志」を実現する自信やエネルギーになる役割を果たす

●フリーランスとして活躍するあるビジネスパーソンは、二十代の頃、一カ月五〇〇〇円で生活した経験があり、何が起こっても生きてはいける、大丈夫という自信がつき、踏み出すことが怖くなくなったという。
●あるNPOの代表は、大学時代に塾の先生をし、それなりにお金を稼ぐことができると実感し、起業に失敗してもそれで生活していける自信を持つことができた。
●ある二十代の女性起業家は、小さい頃、いじめを克服したり、男子柔道部に混じって頑張りぬいた経験から、どんな所に行っても戦える自信はあったという。
●ある製薬企業の会長は、二十代の頃、何十年も前の韓国で、全く言葉ができない状況からビジネスをやりぬいたことで、大抵のことはどうにかなるという自信が身についた。

●日本でも指折りの臨床数を誇っていた当時三十代の医師は、専門分野の医学の知識は誰にも負けない自信があった。

●四十代のある経営者は、戦略コンサルティング・ファームで数年働いていたことで、ある程度どこでもやっていけるスキルが身についたと思えたという。

●ある大企業の変革を成し得たCEOは、その前に子会社の経営に携わり、実際に結果を出してきた。自分には十分準備ができているし、今こそがそれを発揮すべき時だと思い、本社の社長を引き受けたという。

●小さいころからある武道を継続している三十代のビジネスパーソンは、苦しいことがあるといつも、武道の訓練に立ちかえると言う。武道を継続してきた経験が、心の拠り所になっているという。

5 哲学や思想・宗教との出合い、教育機関での知識・スキルの習得

哲学的な思考力は、現実に即した短い時間間隔や空間での思考の枠を超え、より大きな、より広い範囲での視野を対象者にもたらすことがある。また、このような背景は、自己の行動のぶれに対する「ものさし」となり、常にその人に立ち位置の確認や姿勢の歪みを知らしめてく

れる役割を果たす。

加えて、ビジネス・スクールなどの教育機関で得られた知識やスキルが、「やればできる」という自己効力感を生み、志に取り組む上でエネルギーとなったり、支えとなる場合がある。

インタビューで具体的に語られた話は以下のとおりである。

「志」を実現する自信やエネルギーになる役割を果たす

- ある四十代の経営者は、若いころに哲学書や思想書をたくさん読んでいた。それらの書籍を後々読み返すことで、当時よりも深くその意味を理解することができたと言う。
- ある四十代の経営者は、高校の校歌にも入っている水戸藩の教えを今でも思い出すし、大切にしているという。
- ある四十代の経営者は、高校時代は本気でカトリックの神父になろうと思っていた。人のために働くという思いはそこで培われたのかもしれないと語る。
- ある四十代の企業経営者は、社会人になってから、書籍を読んだり、学校やセミナーに通うことで、自分の方向性を見出そうとした。
- あるビジネパーソンは、大学一年の時から今に至るまで、一年間に読む本の数が百冊を下回ったことはないと言う。数を読めばよいわけではないが、頭の中に蓄積してくるものはあるし、どこかで何かがつながるはずという。

●多くのビジネスパーソンが、海外のビジネス・スクールで、最初は言葉もなかなか通じない中で頑張り通した経験は、ビジネスをやる上での自信になったと語っている。

以上、志の醸成サイクルに影響を与え得る要素について見てきた。当然のことながら、どのような影響要素をきっかけに、ある個人が変化をしていくかはその人次第である。影響の大きさに関しても、受け取り手に依存しており、客観的にインパクトの大きそうなことが、実際はあまり影響を与えないことも、またその逆もあり得るのである。オリジナル版を上梓した二〇一一年の三月に起きた東日本大震災を受け、生き方を大きく変化させた人を多く見た。一方で、一冊の本で、一つの映画で生き方を変えたと語る人もいた。大切なことは、その時に感じたこと、考えたことに正直に向き合いきることなのだ。

第4章

志の成長の方向性

これまで、志のサイクルと成長について記してきたが、一連のインタビューを重ねていく中で、「志」の積み重なりには、一定の方向性があることが見出された。

その方向性とは、「自律性が高まる」、「社会性が高まる」の二つである（**図表4−1**）。

一、志は自律性を高めながら成長する。
二、志は社会性を高めながら成長する。

以下、この二つの方向性について、詳しく述べていくことにする。

1 自律性の定義

まず、自立と自律の違いについて見てみよう。

「自立」とは、経済的に誰かに依存しないことや、自分の足で立って他の誰かに依存しないこと、すなわち、一定の経済的基盤や職業技能的な基盤を確保した状況のことを言う。

マズローの欲求五段階説（**図表4−2**）やその他の多くの欲求理論を見ると、人はまず「生存」（食べていけるか、安心して眠れるか）に関わる欲求を満たそうと考える。生きていけるかどうかの不安がある時に、さらに高次の欲求、たとえば、誰かを愛するとか組織に対して忠誠を

図表4-1　志の成長の方向性：2つの軸

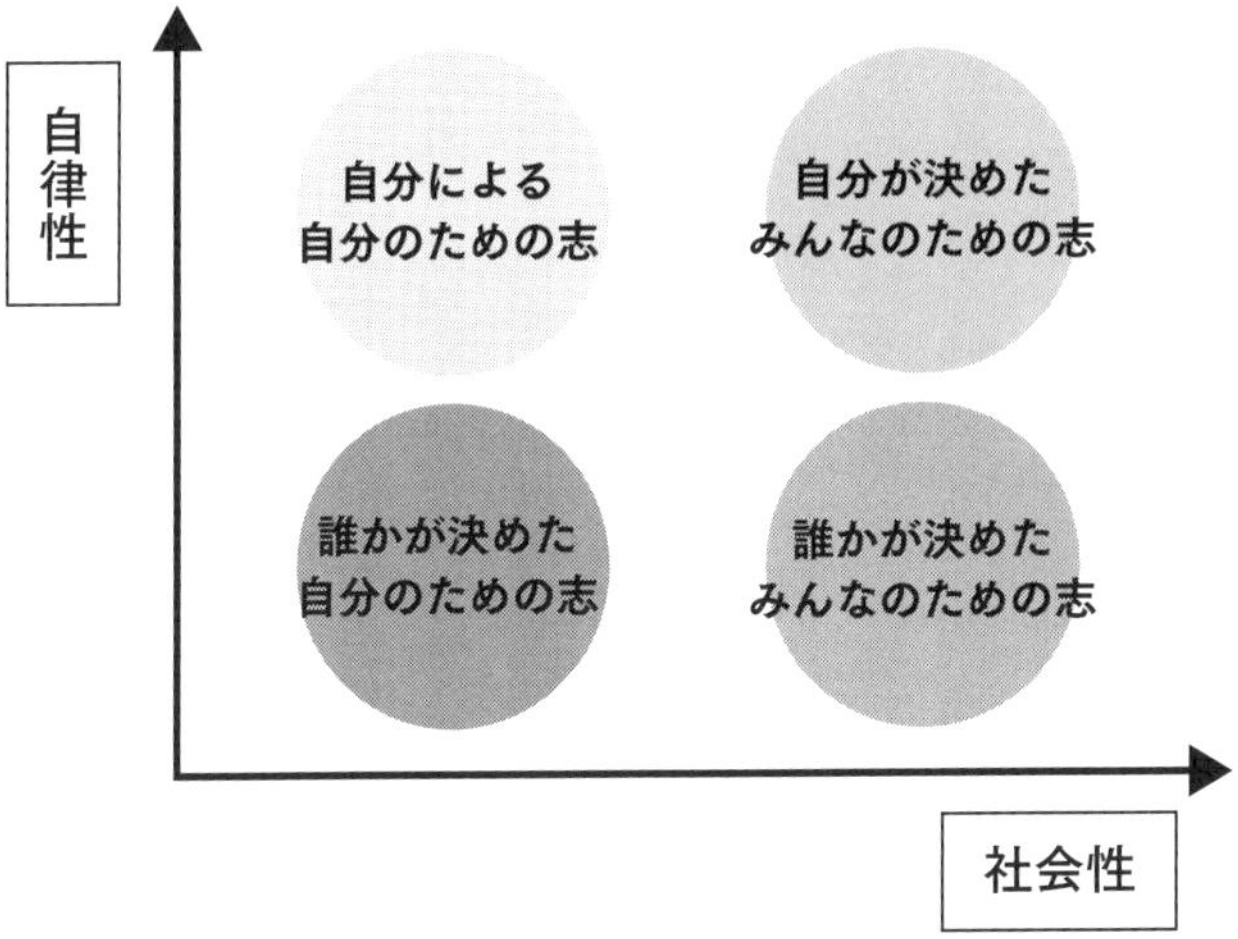

誓うとか、誰かに認められたいなどとは考えられないのである。だからこそ、最低限の経済的な自立性やそのベースとなる職業技能的自立性を確保することは、志の成長には不可欠なことである。

しかし、経済的な自立は、あくまでも最も基本となる欲求を支える部分であり、インタビュー対象者が何か重大なことを決めるときに、「経済的な自立性を高めること」が最も大きな要因であった事例は存在していない。

最低限のことが確保されていれば、自立性は志に特に大きな影響は与えていないのである。実際に、すでに確立した収入基盤を捨てて、以前よりも少ない収入を覚悟した人たちは何名も存在している。

以下は、ある水産ベンチャーにチャレンジ

し続けている方のインタビュー記録からの抜粋である。

「今の仕事をしながら考えているのは『水産業を何とかしたい』ということです。日本の水産業は、このままではダメになってしまいます。肉や野菜は人手で育てられているものがほとんどですが、魚はほとんどが天然ものです。漁獲高は様々な規制で減るばかり。一方で、食生活における『魚離れ』も年々進んでいます。我々は『魚工場』を作り出したいのです。魚の養殖は工業製品と違って、仮説・検証を行うための変数が多すぎて確認することができません。特に、水質管理は本当に難しく、自然の海と同じ状況を再現し、しかもそれを安定させるのは至難の業です。そんなわけで、ビジネスとしては非常に難しいのですが、うまくいけば魚のたんぱく質を世の中に、しっかりと提供できるようになります。人の役に立つことができる。そう思うと、困難も苦ではありません」

このインタビュー対象者は、ある教育サービスを提供する企業から、経営者に請われ、この水産ベンチャーに入社した。実際にはこの仕事だけでは家族を養っていくのが厳しいと言う。それでも、右記のような自分が飛び込むべき道を見出し、自らの意志でそこに飛び込んだのだ。大きな使命感の前に、経済的な自立性を多少犠牲にしてでも、自らの意志に正直であろうとする姿がそこにはある。

図表4-2　マズローの欲求五段階説

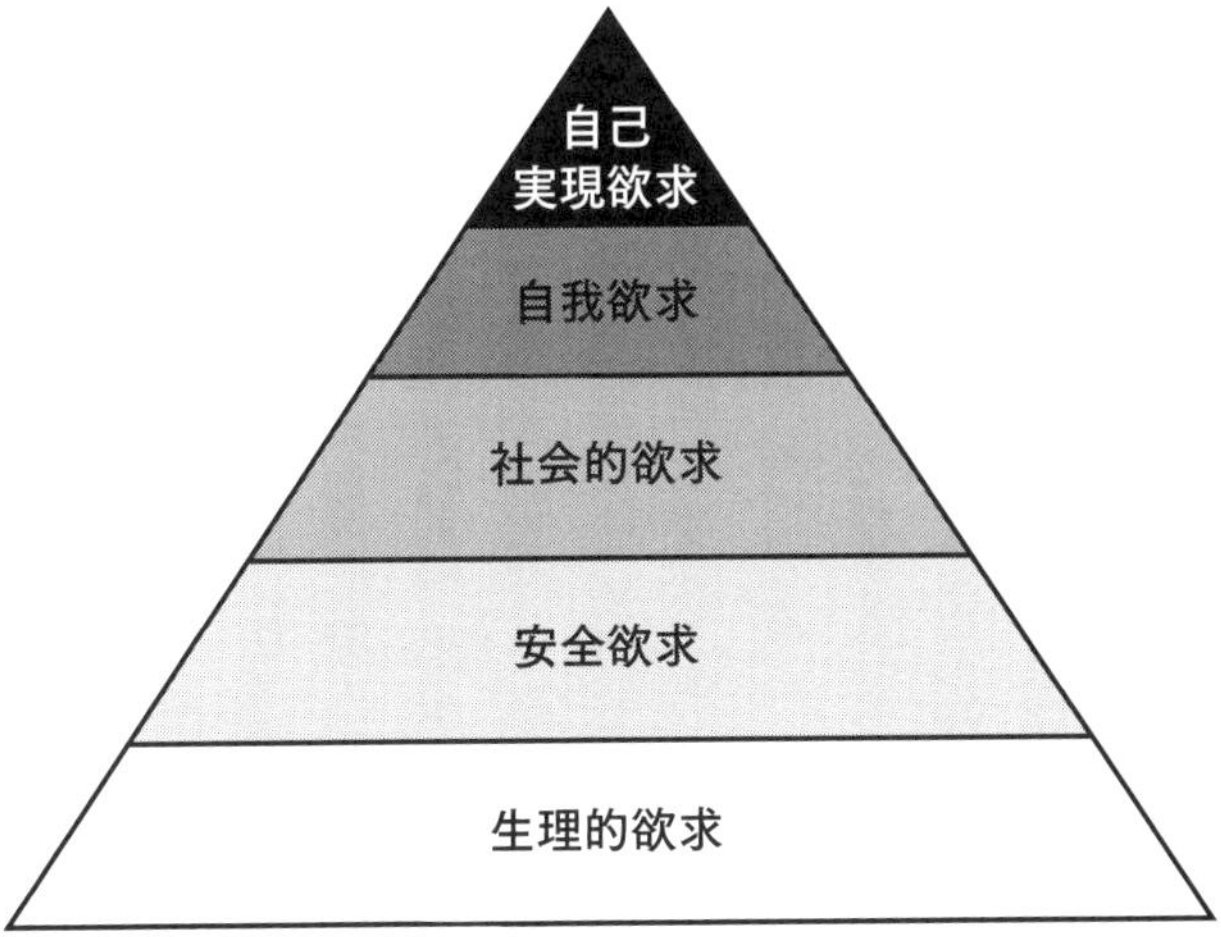

また、一般的に、大企業において、より大きな責任のあるポジションに就いていく人、たとえば執行役員や取締役になっていく人の場合、経済的自立性が高まる＝収入が上がる場合が多いことが想定されるが、そのこと自体が目的となっている事例は皆無であった。

一方、「自律」は、その字の通り、「自分で自分を律する＝自分で自分の進むべき方向を決めるということ」である。自分で進むべき方向を決めるということは、そのための「規範＝自分の中のルール」が存在することを意味する。

今回のインタビュー対象者がその志のステージを変えていく際に、従事する組織の規模は大きくなることもあれば、その逆もあった。子会社から親会社の経営を任された人もいれば、大組織から離れ、自らベンチャーを立ち上げた人もいる。独立し自らの会社を経営していた人が、様々なステークホルダーの要求に応えるべく、大きな事業会社の経営者として、再び大きな組織の一員となっていったケースもある。

これらに共通しているのは、「自らの規範を元に、自らリスクを取ってチャレンジしていく＝自分を高めていく」という姿勢である。

その規範は、たとえば、経営者としてのあるべき姿かもしれないし、目標を達成するために必要なルールかもしれない。規範自体は異なっていても、様々な志を経ていく中で、高まっていくのは自立心ではなく、自律心なのである。

自律性の段階

次に、具体的に自律性はどのような段階を経て高まっていくかについて見ていく。インタビュー結果から抽出した「自律性」の発展は以下のような段階に区分される。

①誰かの決めた規範に合わせていく（適応）
②自ら規範を選び、自らをハンドリングしていく（自立）
③自らが決めた規範に、他者を導いていく（指導）・他者の自律性が高まることを支援する（支援）

単に「目標」を定め、それに向かって行動するだけであれば、自分を律する必要性は大きくない。誰かに与えられた既定路線を、深く考えることなく、がむしゃらに邁進することは可能であり、それは比較的容易ともいえる。たとえば、自分の意志などとは無関係に、親に言われた通りに受験勉強を頑張って、世間的に「良い」とされる大学に入る、あるいは上司に言われた営業数字を盲目的に追いかけるなどは、まさにその典型である。

ここで、本書の志の定義に今一度戻ってみよう。

「一定期間、人生をかけてコミットできるようなこと（目標）」

「コミットする」は誰かに言われたことに取り組む場合も含め、「自らの規範に従った意志」が存在して初めて生まれる状況である。志を持って生きるということの大切なところはまさにここにある。志は事前に何かにコミットするという意思決定であり、重要なことは、誰かが決めた目標や規範に乗っているかどうかよりも、それに「自分自身が乗ることを決めた」という部分である。

ここからは、インタビュー対象者の事例を挟みながら、自律性が成長していく段階を追っていこう。

①誰かの決めた規範に合わせていく（適応）

インタビュー対象者が社会に出るパターンは、以下のようなイメージに分けられる。

1. 周りの雰囲気に合わせて、高校、大学を卒業。とりあえず仕事ができるようになろう、偉くなろうなどと漠然と思い企業に就職する。
2. 大学や大学院で研究してきたテーマを元に、その研究を活かせる企業に入り、研究を継続する。
3. 小さい頃から、自分が何をしたいかについてのイメージは持っていたものの、それをいったん留保して、社会経験を積むために就職する。
4. 社会に出るタイミングでいきなり企業経営者になる、NPOの代表になるなど、自分ですべての責任を負う形を取る。

社会人となったタイミングで、自分ですべての責任を負う4のような事例もないわけではない。しかし、多くのインタビュー対象者が、それが自覚的であるか、無自覚であるかは別にして、まずは、大きな組織や信頼できる誰かしらの判断に身を委ねながらのスタートを切っている。つまり、誰かの決めた規範に従って動き始めている。

実際、未知の環境の中では、自分の行動を一人で決定しながら進むことは非常に困難である。通常は、先輩社員などロールモデルとなる人を見つけ、その人のやることを参考にしながら行動をしたり、あるいは、組織の持つ「空気」に合わせて行動することになる。

入社間もない段階で、何かしら大きな決意を持って、「会社を変革したい」という思いを持つこともあるだろう。しかし、実際には、社会に出たばかりの人がすぐにできることには限界がある。組織を知り、意思決定の仕組みを理解し、そこに関わる人々を動かすことができなければ、どれだけ熱意を持っていたとしても空回りするばかりだ。まずは組織に慣れる、倣う（習う）ことは必要最低限の手順なのだろう。

この段階を示すインタビュー対象者のエピソードとしては以下のようなものがある。

●大企業の変革を成し遂げたあるビジネスパーソンは、学生時代に何かをやりきったという実感を得られないままに、大企業に入社した。そこでとにかく何かを成し遂げる実感を得たく、それは本社でバリバリ活躍することだと思った。しかし配属されたのは営業部であった。人事にどうしたら本社に行けるのかと尋ねると営業で実績を出すことだと言われ、がむしゃらに営業を頑張り、五年後に本社への配属を勝ち取った。

●当時二十代のあるビジネスパーソンは、営業畑で寝食を忘れるほど頑張ってきたところ、急遽プロジェクトのリーダーに指名された。当初は面白くなかったリーダーの役割も、こなしていくうちに面白くなりマネジメントに興味が湧いてきた。プロジェクトは一定の成果を出したものの最終的には解散。残ったのは、組織の改革者になろうと目覚めた自分であった。

●現在三十代のある人物は医師の多い家系に生まれ、生まれた時から医師になることが定められていた。医局に入り、研究で成果を出し、論文を書き、その中でのポジションを高めていくことが当たり前のことだと思っていた。海外に留学し、世界最高峰のレベルでも十分に通用する成果を出すに至った。

これらは、十分に何かを成し遂げた、いわば志の足跡である。しかし、そのいずれもが自分で作ったロードマップではなく、誰かが作ったり、指し示してくれた道筋に沿って進んでいる。これが自律性の第一段階である。

②自ら規範を選び、自らをハンドリングしていく（自立）

企業の中で、自分のやりたいことを自由にハンドリングしながら実行していくためには、一般的にある一定のポジションに就かなければならない場合が多い。しかし、日本の伝統的な大企業の場合、純粋な能力、スキル、実績だけでなく、組織に対する貢献の蓄積量、簡単に言えば、「年功」によって役割やポジションが与えられることがまだまだ多い。

そのような状況の中で、自分のやりたいことをやるための一つの道は、ある程度の期間、少しは不本意なことがあっても我慢しつつ、会社に認められる行動をしながらポジションを上げる、ということになる。

ここで注意が必要なのは、先に述べた「適応」を長期間にわたり継続する中で、本来の「やりたいこと」を見失わないことである。周囲にうまく適応することのみを意識するようになってしまい、自らの考えや規範をどこかに置き忘れてしまう、または確立しようとしないといった状況になるのである。これは、「今」を犠牲にし、未来の可能性にかけるともいえるが、しっかりと最終目的を意識し続けないと、手段が目的化してしまいかねない。志の成長サイクルを回す上で、この状況に気づいてそれを選択しているのか、そうでないのかは大きなポイントであり、自律性の判断基準にもなる。

実際に、この構造を見つめ直し、自問自答を突き詰めて、新たなキャリアに転身した人もいる。職を変えるまではいかないにしても、現在の役割の中で、自らの役割を変えていこうと志を新たにする人もいる。流されていた自分に気づき、自身の新たな役割を見出すことで、本当の自分を取り戻すのである。

この段階を示すインタビュー対象者のエピソード状況としては以下のようなものがある。

●当時三十代だったあるビジネスパーソンは、邦銀で世界を相手に翻弄される自行の姿を目の当たりにして、戦略的な変革の必要性を感じた。しかし、自分が変革に手を付けるポジションに行くまでは果てしない時間がかかる。そこで、自行の戦略部門のコンサルティングを行っている会社に転職し、実際に戦略面から銀行を変えてみることに挑戦した。

●あるビジネスパーソンは二十代の当時、がむしゃらに営業数字を追いかけ、優秀な成績を上げ続け、社内で認められる存在となった。しかしその営業方針や、企業の倫理観などに疑問を感じ、自らの価値観と照らし合わせた結果、その企業を退職、新しい道を選んだ。

●当時三十代のある研究者は、基礎的な新しい発見をすることだけを目的に生きてきたが、それが本当に世の中のためになっているのかどうか実感が持てなかった。そこで、世の中のためになる製品を開発することを志向し、事業会社に転職した。

志の醸成サイクルで見た重要なプロセスである「客観視／自問自答」を経た結果、多くのインタビュー対象者は自ら規範を作り上げる、あるいは選択するに至っている。

この状況は、純粋に自らのリスクのみを引き受けている段階であると言える。ただし、我々のインタビュー対象者のうちの何人かは、それだけに留まらず、他人のリスクをも引き受けながら、自分をより大きな枠組みの中で位置付け始めていた。

③自らが決めた規範に、他者を導いていく（指導）・他者の自律性が高まることを支援する（支援）

自律性は、一度それが高まる方向に動き始める（自分の規範に従って生き始める）と、逆戻りする（再度他人が決めた規範に従って生きる）ことはあまりなく、自分自身の規範や志に人を巻き込み、主体的に動いていくことを望むようになる場合が多い。

自らの自律性の高まりの結果、人をリードしていく典型的な例は起業家であろう。自らの志を実現するために起業し、人を巻き込んでいくのである。起業家はその過程で人を雇用し、それは同時に他者の人生のリスクをも背負い、導いていく（もちろん高い自律性を維持したまま、一人のプロフェッショナル、スペシャリストとして生きていく人もいる）。

起業家以外でも、企業のリーダー的ポジションで、「自らが決めた規範を元に、他者をリードしていく」ことを実現している人がたくさん存在することは言うまでもない。

この時、注意しなければならないことがある。

「他人と過去を変えることはできない。変えられるのは自分と未来である」という言葉があるが、他人の感情に働きかけられるような自分になっていくことで、他人を巻き込めるようになることだ。自分が大切にする規範を変えずに、他人を説得できるだけの自分に変えていくことが、他者をリードしていくという観点から見たときには非常に重要なのである。

一方で、手段の目的化の延長線上でポジションだけが上がり、他人をコントロールしようというのは、単なる支配欲に過ぎず、決して自律性の拡大ではない。本当の意味で人を導いているとも言えないのである。

この、人をリードするということの延長線上で、自らが決めた規範に巻き込むのでなく、②の状態に他人を導いていくことに取り組む人もいる。「教育」自体を専門の職業に選んだ人がその典型だが、彼らだけでなく、自らのメインとなる志の活動以外に教育や学習支援の活動に積極的に関わっている人は少なくない。

この段階を示すインタビュー対象者のエピソードとしては以下のようなものがある。

- グロービス創業者の堀義人は、日本ではビジネスパーソンはいったん企業に入ってしまうと、経営を体系的かつ実践的に学ぶ機会がないことに危惧を抱いた。その状況を打破するために、ビジネス・スクール事業を展開することを当時勤務していた会社で提案をするも叶わず、自ら起業した。
- 当時四十代のある大規模な企業再生を成し遂げたCEOは、後進に道を譲るため自らはいったん一線を退いた。そして、短期的な成果を求めるファンド系の仕事はしないという信念のもと、一年以上の時間を使い、自分自身を見つめ直し、日本企業の再生を成し遂げるべく、歴史ある企業の経営者に応募し、社長を務めることになった。

●当時三十代のあるビジネスパーソンは、小さい頃から中学校の教師になりたかった。しかし、社会人の経験を持たずに、子供達に背中を見せられるとは思えなかったため、大学卒業後は一般企業に就職した。一〇年以上の社会人経験を経て、紆余曲折はあったものの自分のやりたいことは子供たちの背中を押したり支えたりしてあげることだと思い直し、三八歳で教師の道に進み直した。
●現在ある企業のCOOは、一〇年以上にわたり、忙しい合間を縫いながらビジネス・スクールで講師として登壇し、若手ビジネスパーソンの育成に力を注いでいる。
●ある大手メーカーでマーケティング部長を務める四十代のビジネスパーソンは、毎月若手を集め、次世代のマーケティングをリードする人材育成のために多くの時間を割いている。

2 社会性の定義

次に「社会性」について見ていこう。

「社会性」とは、自分を起点に、自らが責任を持とうとする範囲を広げていこうとする心の動きを意味する。社会性が増す、社会性が高まるということは、利己的な自分（自分中心で考えている）から利他的な自分（他人のことを考える比重が高まる、もしくは他人中心で考える）への変化を意味している。

しかしながら、インタビュー対象者を見ると、この社会性、すなわち自らが責任を持つことができる範囲は必ずしも拡大の一途をたどるわけではないことがわかった。その範囲、具体的には関わる人数や影響範囲が、志の変化によって縮小する場合もあるのだ。

たとえば、大企業で非常に多くの部下を持ち、多くの取引先を相手に仕事をしていた人が、その次に組織規模でいえばその何分の一の大きさの企業に転職し新たな志の達成を目指している場合がある（組織の規模の問題）。あるいは、多くのステークホルダーを相手に取り組む仕事をしていた人が、次の志のステージでは少人数を相手にする職種に就いたという場合もある（組織の種類の問題）。

特に、その人の早い段階での志、つまり若い時の志が次の志に移る一つ目のステップにおいては、こうした現象が起こりやすい。社会人になってすぐのタイミングでの志は、ほとんどの場合、所属組織から与えられる目標であり、同時にそれはその本人の実力というよりも、その組織の影響力（いわゆる、看板と呼ばれるようなパワー）によって実力以上のものが与えられている場合が多いことがその理由と考えられる。

その状況下で次の志に移る場合、その人の素の力量に見合った形での再スタートとなり、自ずと規模が小さくなるのは当然のこととも言える。また、次の志が、もともとの志と全く異なる分野でのものとなる場合、実績のない分野で再スタートすることとなり、結果的に規模の小さい場所に行かざるを得ないこともある。

とはいえ、一時的には実際の影響範囲が狭まったとしても、現実的に新たな志を継続して追求していく過程で、結果的にはその人の「社会」が拡大していくケースが今回の調査の中で数多く見られた。

この事実やインタビュー対象者のコメントが教えてくれるのは、仮にいったん、関わる世界が縮小するような感覚を持ったとしても、その志さえしっかり持っていれば、それに賛同してくれる人は増え、さらに自らが影響を与えることができる人や範囲も大きくなっていくということだ。

短期的な逆行を恐れる必要はない。リスクを取ることが、最終的には責任範囲の拡大につながるのである。

社会性の広がり

インタビュー対象者を通じて見て取れる社会性の広がりは、以下のような段階に区分される。

①自分自身のため
②自分の身近な周辺のため
③組織全体のため
④社会全体のため

個別に見ていこう。

①自分自身のため

すでに示したように、学生生活を終え、企業に就職をする。あるいは、それに準じた期間を持つ（たとえばインターンなど）。その段階では、誰かのためというよりも、その会社に慣れたり、仕事のやり方を覚えたりするなど、自分自身の能力向上にエネルギーを注ぐ人がほとんどである。もちろん、社会貢献をしたいというような大きな目的を持って仕事をする人もいるが、実際の活動はどうしても自分自身に向きがちである。まずは、社会人になるところからのスタートなのだ。今回のインタビュー対象者も、どれだけ若くから起業し、成功していたとしても、何らかの形でこのプロセスを経ている。

この段階では、メンバーの一員として認められるための信頼を勝ち取ること、自分と異なるキャリアを生きてきた人たちと円滑な関係を保ちつつ、組織になじむこと、結果に対する一定の責任を持つことなどが求められる。社会性の広がりの第一段階は、まず自分自身の確立に向けられるのである。

②自分の身近な周辺のため

一定の能力開発が済み、いわゆる一人前になり仕事ができる段階となると、徐々に自身が影響を与えられる範囲が広くなってくる。たとえば、プロジェクト・リーダーを任される、部下とまでいかなくとも、後輩が入社する、入社した後輩の世話係になる、などの状況である。しかし、この段階では、自分自身が影響を及ぼしていると思われる場合でも、実際には上司の影響力や組織の影響力を利用して、より大きな範囲に影響を及ぼしている場合が多い。インタビュー対象者に関して言えば、この期間に約一〇年程度、つまり三〇歳前後まで費やしている人が多かった。もちろん、彼らはその間にも「志＝一定期間、人生をかけてコミットする目標」を抱いて、業務に邁進していることは言うまでもない。

自律性のパートでも述べたが、この時期の志は、他人に与えられた規範に基づくものであり、まずは何とかこなしていくのが精一杯な状況である。そのため、実は本人に見えている世界は、自分と直接的に関わりのある利害関係者に留まっていることが多い。自分の生きている世界（業界・社内）のルールは実はその中でしか通用しないものである、ということになかなか気づけないのも、この時期の特徴であると言える。

③組織全体のため

多くの人は、実力を培い自分に自信が持てるようになると、自然と自分を含む組織全体についてのあり方を考えるようになる。それは、

1．そのような立場（役職）に置かれる

2．自身のコミットが深まる
3．より大きな仕事をしたいという願望が強まる
4．組織が危機的な状況に追い込まれている

など、様々な要因が考えられるが、どれか一つというよりも、そのいくつかが重なり合っているというのが現実である。

実際、実績を残し、経験値やスキルにおいて相対的に上位の位置に属すようになれば、昇級、昇格をし、より責任の重いポジションに就くことになるだろう。その期待に応えるべく、自分が何をすべきなのかを考えるようになるのは、認められることによって高まったモチベーションの向かう先としては当然のことと言える。「ポジションが人をつくる」と言われるものだ（一方で逆に、企業の中で「先が見える」状況になった時にモチベーションが落ちてしまうこともある）。

現に、インタビュー対象者には、異動や昇格、あるいは幹部候補者研修への選抜などのきっかけが与えられることで、組織全体への意識を高めた人が多かった。

権限も与えられ、本人のスキルや人間関係も厚みを持ちだしたこの段階になると、その人が与える影響の範囲は、前段階とは格段に変わってくる（起業家の場合は、その役割上、比較的若くしてこのステージになる場合が多い）。

それまでは自組織（自チーム）内での調整や交渉が必要なだけであったが、今度はその組織を代表して、外部との交渉や折衝をすることが求められるようになってくる。また、与えられる目標も一様なものではなくなり、時に相反する目的を同時に達成することが求められたりもする。

たとえば、ある繊維関係の卸売商社で働く四十代のビジネスパーソンは次のようなエピソードを語ってくれた。

「突然、バイヤー（仕入担当）から、全員年上の二〇人前後の部下を持つグループを任されました。自分はリーダーという性質ではないと思っていましたが、任された以上、一生懸命に働きかけ、一人ひとりの声に耳を傾けるようにしました。やがて、自分が考えたプランにみんなが賛同してくれ、赤字部門を二年半で黒字にすることを達成できたのです。それまで他人に『助けてくれ』と言えなかった自分がそれを言えた時、人は助けてくれるとわかったことは驚きでした。一つの目標に向かって、上司も部下も取引先も顧客もすべての人が動いた。『真剣に言えば、正面から向き合えば、人は応えてくれる』という実感を得られたのです」

しかし、そのグループは解散させられることが決まっていたという。実は、彼は失敗することを期待されそのグループを任されていたのだ。会社にとって想定外だったのは、彼がそこで結果を出してしまったことである。

結果を出してしまった彼に、今度は社長から直々に「経理部を壊せ！」という課題が与えられる。事業部ごとにバラバラに動いていた各経理部の統合が必要であり、そのために典型的な官僚組織となっている経理部のムラ意識を壊しつつ、改めて現場のために機能する経理部門の構築が求められたのである。

結果的に四年間を費やしたが、一定の変革はやり切れた。ここでも結果を出した彼は、次に全社の改革に携わるようになる。しかしここで、社長の座を狙う古参役員との確執が起きてしまったのである。

彼は、二回の辞表を書くところまでに追い込まれるが、「正しいことは正しいと言う」、「会社を変えたい」という自身の強い思いで真っ向から勝負に出る。結果、社長も会長もそれに応える形となり、古参役員は去ることになった。自分の辞表と引き換えにまで会社を良くしようとした行動で、社長との信頼関係はさらに深まった。ちなみに、今現在彼は、常務取締役としてNo.2のポジションで全社のマネジメントを行っている。

このエピソードの主人公は、運にも恵まれていたのかもしれない。しかし、一つひとつの困難を、決して予定調和的にではなく、リスクを取って乗り越えていった結果として、彼自身が関わろうとした世界、実際に関わった世界が確実に広がったのである。

その組織固有の文化や風土、人間関係への適応は、所属している組織が変わるたびに必要になる。しかし、このレベルまでの経験を踏んでいれば、異なる組織文化にそれほど苦労することなく対応できることも多い。本人の成熟レベルがリセットされるわけではないからである。

さらに、この段階に至るまでには、様々な人を巻き込んでいく術を身につけており、自らの経験値も上がっているため、志の醸成サイクルが回る時間は、それが繰り返される度に短縮される傾向が見られる。

④社会全体のため

多くの企業人は前述の「組織全体に関わっていく」プロセスの中で、その役割を全うし定年を迎える。企業人としてその責務を全うし、その営みを通じて社会に貢献していくことは、素晴らしいことである。

ただ我々のインタビュー対象者を見ると、志を幾重にも高く重ねていった結果として、単に組織目標といった誰かの志に乗り続けるのではなく、自分自身がこの世に生きた証が何なのか、世の中にいかに貢献できるのかを考え、行動するようになる人が多い。

一方で、我々の今回の取り組みを通じてわかったことは、「志」という概念が、非常に「時代性」を反映するものであるということだ。時代性、つまりインタビュー対象者の年代を見てみると、二人の六十代のインタビュー対象者は、代表取締役や社長、会長の座に就くまでは、社会のことなど考えたこともなかったと告白している一方で、四十代半ばまでの人は、一つの企業のビジョンの達成に留まるケースは非常に少なかった。それは、一企業での自分の役割だけでなく、社会の中での自分を考える人が多かったからと考えられる。

そして、二十代、三十代になると、四十代以上のインタビュー対象者に比べても、早い段階から社会に対する貢献を考え出すようになっている。

これは、社会起業ブームやベンチャー・キャピタルの台頭などにより起業のハードルが下がったこと、さらにはインターネットによるネットワーク技術の革新によって、個人がアクションを起こしやすい環境が整ってきたことによる部分が大きいのではないかと推察される。

終身雇用制度の緩やかな崩壊、成果主義による外資系企業的マネジメント手法の浸透など、企業のあり方自体が変化していることも大きいだろう。時代の変化は、志の成長過程にも確実に影響を及ぼしているのである。その意味では、これからの時代の志のあり方は、より社会や世界を向いたものになりやすいとも言える。

以上、志の成長の方向性について述べてきたが、志を積み重ねていく人は、「自律性＝自ら決めた規範に従いリスクを取ってチャレンジする」と、「社会性＝自らの責任範囲を広げていく」の二軸の間で成長を遂げていく。

当然、その成長は、**図表4－3**の右斜め四五度に進んでいくとは限らず、自律度は高まっているものの関わる世界が広がっていなかったり、逆に社会は広がっているものの、他人のリス

図表4-3　プロセスは一様ではない

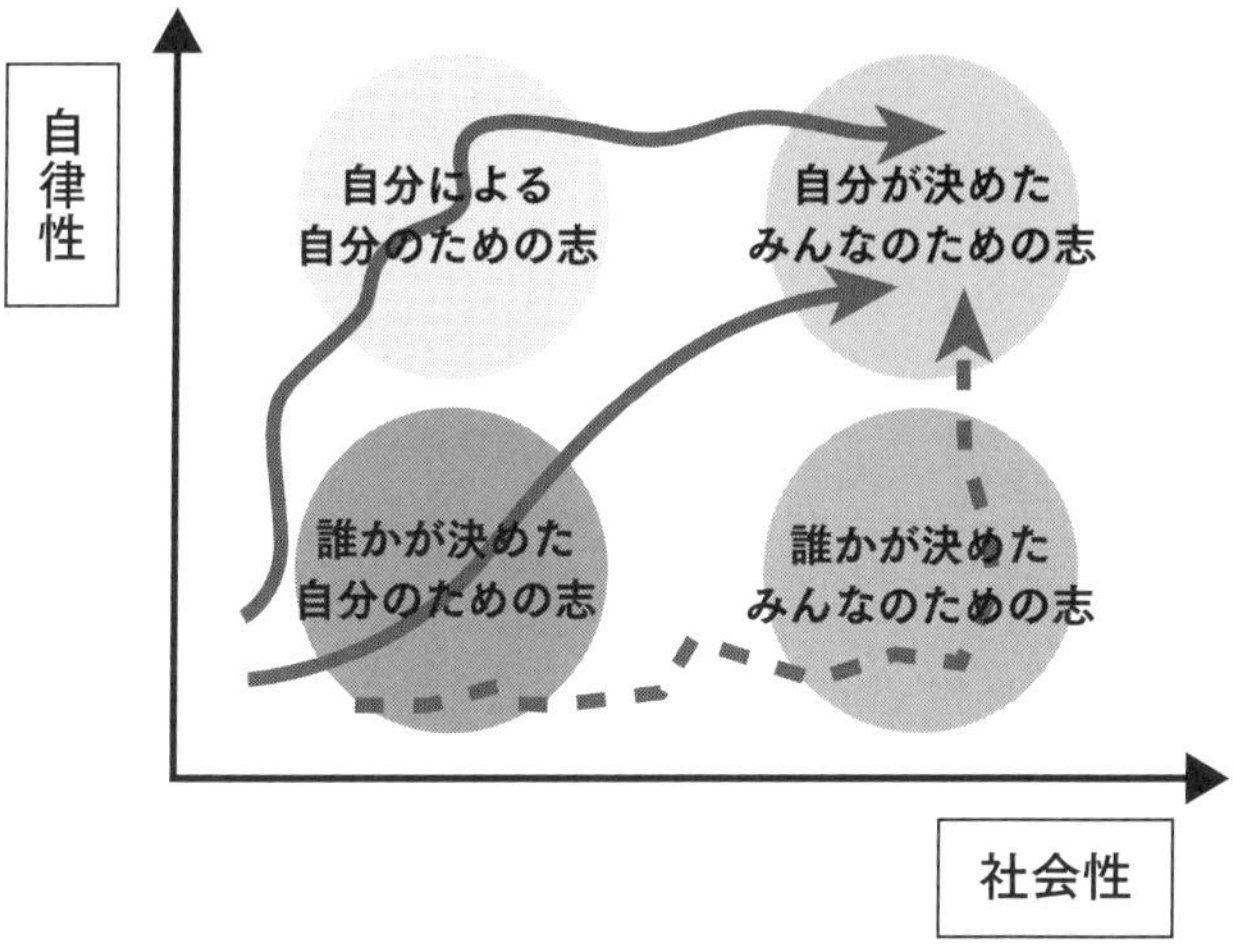

クまでは背負い切れていない場合もある。
プロセスは人それぞれなのだ。従って、最初から「利他の精神で」、「社会のために」などということを強く意識する必要もなく、まずは、志の定義通り、「人生をかけてコミットする」ことが重要なのである。しかし、総じて言えば、志を成し遂げる回数を重ねるうちに、結局は軸の右上に向かっていく人が極めて多いのも事実であることを付言しておく（**図表**4－3）。

ここまでの第1章～第4章は理論編にあたるが、その最後に、我々からのメッセージを記しておきたい。

「ノブレスオブリージュ」という言葉がある。社会を変革できる、そしてそれを実行できる能力や資源を持った人間にこそ、社会全体を考えていく、変革していく義務があるとすれば、まさに志の積み重ねの行く先には、社会全体への責任があるはずだ。

多くの人が社会性や自律性を増しながら志を積み重ねることにより、社会がより良い方向に向かっていくのである。本書の読者の皆さんには、是非、自らの規範に従った、社会全体を意識した志を立てていただきたいと思う。

第5章 事例編

第5章では、八人のインタビュー対象者の事例を見ていくことにする。

三〇名を超えるインタビュー対象者から、志サイクルの五つのフェーズ、志の成長の方向性、さらにはそれらに影響を与える諸要素について、それぞれ特徴的な方々を八名取り上げた。ある人の志の醸成サイクルから学べることは、普遍性が高いため、事例編の情報はオリジナル版の取材当時のままとしているが、現在と異なる所属になられている方については（元）の表記とした。

①知識賢治氏（元株式会社テイクアンドギヴ・ニーズ　代表取締役社長）
②秋山をね氏（株式会社インテグレックス　代表取締役社長）
③廣瀬聡氏（元株式会社ベルシステム24　常務執行役）
④中原林人氏（元ナノフォトン株式会社　代表取締役社長）
⑤昆政彦氏（元住友スリーエム株式会社　取締役）
⑥金田真須美氏（すたあと長田〈兼チーム神戸〉　代表）
⑦中本善尚氏（仮名）（外資系製薬会社A社　日本法人　部長）
⑧浅田一志氏（仮名）（某市立中学校　数学教師）

当然のことながら、それぞれの方にはそれぞれの人生があり、それぞれの志がある。客観視と自問自答を繰り返した方、ある人物との出会いが新たな志の設定に大きく関係した方、一度封印した志にあるきっかけで灯がともり、実行し始めた方など、多種多様である。

読者の皆さんには、この事例編で取り上げた方々と自らの人生を重ね合わせることで、自らの志の成長のプロセスを頭に思い描くヒントにしていただきたいと思う。

事例

1

若い頃から繰り返した客観視と自問自答

元株式会社テイクアンドギヴ・ニーズ　代表取締役社長

知識賢治氏

プロフィール

一九六三年、神戸市生まれ。一九八五年、同志社大学法学部卒業後、鐘紡株式会社に入社、カネボウ化粧品に配属。大阪で五年間営業を経験し、本社のマーケティング、経営企画部門を経て新規事業の企画立案に従事。一九九八年、株式会社リサージ代表取締役に就任し、年商一三〇億円の新しい化粧品ブランドを育成する。二〇〇四年、産業再生機構の支援を受け、カネボウ株式会社から分離、設立した株式会社カネボウ化粧品の代表執行役社長・ＣＯＯ（最高執行責任者）に四一歳で就任。二〇〇六年一月、花王株式会社の傘下に入り、引き続き代表取締役社長執行役員として経営の指揮を執る。二〇〇九年三月に退任。二〇一〇年六月、挙式披露宴ビジネスの国内最大手である株式会社テイクアンドギヴ・ニーズの代表取締役社長に就任した。

このケースの意味合い

自分が本当にやりたいことは何なのか、自分が目指すべきことは何なのかを自問自答するのは非常に難しい行為である。多くの人は忙しさにかまけ、まず自問自答する時間を取らない、あるいは取れない。次に、自問自答をしても、自分の枠の中で自問自答を繰り返すだけで、何の進展も見せず、そのループから抜けられないことが多い。このケースでは、知識がどのように「客観視」、「自問自答」を繰り返していったのかにフォーカスし、志が醸成されていくプロセスの中で、それらが非常に重要な要素となっていることを見ていく。

ケース

知識の志とは

当時、知識はハウスウエディングの先駆けであるテイクアンドギヴ・ニーズの代表取締役社長として活躍をしていた。自身が自覚している志とは、「日本における、日本らしい事業再生の実例をつくり、日本を良くしていくこと」である。この志に至る最大のきっかけとなったカネボウ化粧品の再生に至るまでのプロセスを詳しく見ていこう。

幼少期～大学時代

神戸に生まれ育った知識は、学業とクラブ活動の両立を重んじる「文武両道」を校訓とする、兵庫県では進学校と言われる公立高校に通った。その高校で、知識はバドミントン部に入部したものの、途中で退部する。「練習が厳しくて、ついていけなかったのです」と知識は振り返る。

その後、生徒会の仕事に携わるが、先輩や同級生と比べて、中途半端な状況から抜け出せない自分に嫌気がさし、挫折感を味わったという。

卒業後、同志社大学に入学するが、当時のことを知識はこう振り返る。「勉強はあまりせず、アルバイトに明け暮れ、よく遊んだ四年間でした。当時の日本経済は右肩上がり。大学を卒業したら安定的に就職先がある状態で、僕のような大学時代を過ごす学生は少なくなかった気がします（笑）。あまり誉められない生活をしていたのですが、なぜかゼミに関しては成績優秀者が集まる法学部の看板ゼミに入ることができたのです」

このゼミは手形小切手法を扱っていて、同級生は銀行や公務員、弁護士志望の人が多かった。ゼミの仲間と将来の進路について話をすることはあったが、知識は銀行や公務員の仕事に興味を持つことができず、ファッションや化粧品という華やかな世界に惹かれるようになっていった。業界全体が成長していたことや、地元に本社がある企業が多いなどの理由から、アパレル企業や商社などを回り、カネボウから内定を得ることができた。最終的にカネボウに決めたのは、人事担当者が学生の目線で話をしてくれる人間味に溢れた素晴らしい人柄の人で、こんな人が人事をしている会社はきっと人を大切にする会社に違いない、と感じたからという。

一周目のサイクル〈カネボウの営業トップを目指し本社へ行く〉

「人は変わりたいと思った時こそが転機となる」とは多くの人が言うことである。知識も社会人になるタイミングで、何かを成し遂げたことがない、これまでの中途半端な自分の生き方を変えたいと思っていた。「自分はこのままでよいのか、学生時代の中途半端な自分から抜け出したい。会社に入ったら仕事に自分をかけてみよう」と強く思ったのである。

その思いに加えて、カネボウの会社案内のパンフレットに紹介されていた先輩のように、全国をベースにした大きな仕事をするために本社に配属されたいと思っていた。しかし、当時のカネボウでは、文系の新入社員は必ず営業に配属されることになっており、実際に下りた辞令は大阪での営業の仕事だった。知識は、配属直後に人事担当者にどうしたら本社へ行けるかと真剣に聞いてみた。入社直後にもかかわらず、自分がやりたいと思うことへのギャップを埋めにいくための一歩となる行動をしていることが知識の特徴である。

人事担当者は「営業で結果を出せば行ける」と言った。知識はこの言葉を素直に信じ、目標を立てる。「営業でトップとなり、本社へ行く」――この目標を追いかける数年間が始まった。

配属された大阪第一北販売は、大阪の中心地である梅田、難波などを管轄する全国的にも大きな支店であり、優秀な先輩がたくさんいた。その中でも、知識の前任者は、全国で一三〇〇人程いる営業職の中で最も優秀な社員に贈られる「社長賞」の表彰を受けた先輩であった。この先輩が転勤した後を新入社員の知識が引き継ぐことになったのだ。

社長賞を受賞したトップ営業から新入社員の知識へ担当が変わったことで、周囲からのプレッシャーは大きく、取引先やカネボウ化粧品の美容部員からは、絶えず前任者と比較された。「前任者はこんなことまでしてくれたのに、知識さんは何もしてくれないのですね」といった比較に苦しむこととなった。

「いつか自分を認めてもらいたい。こんな状況を変えたい」と朝から晩までとにかく結果を求めて一生懸命仕事に取り組んだ。休みの日にも仕事をすることが多かったが、最初はなかなか思うような成果が出ず、思い悩みすぎて血尿を出してしまうほどであった。

そんな辛い状況の中で、知識はあることに気がつく。そしてそのことが、彼が置かれていた状況を一変させる。

それまで知識は、営業として成果を出すために、取引先、美容部員とコミュニケーションをとることが「必要なこと」だと考えていた。頭のどこかでは面倒くさいと思いながらも、成果を出すためには美容部員とうまくやることが必要であるという考え方をしていたのだった。

当時の知識のチームには、自分より年下の七名の美容部員がいた。その中には、遅刻をしたり、挨拶ができないなど、社会人としてのルールを守れない人もいた。そんなメンバーと向き合ううちに、仕事の成果だけを求めるのではなく、一緒に働いている人たちに、仕事を通していかに人間的に成長してもらうか、成長してもらうために自分はどう向き合うかが大切だと考えるようになった。仕事を通して自分自身も周りの人と一緒に成長することこそが仕事の本質だと気づいたのである。

顧客やチームのことを考えながら仕事をしていくうちに、徐々に変わっていくチームの状況を目の当たりにすることができた。知識にとって「何かの縁で一緒に仕事をする人たちに、自分は何を伝えることができるのだろう。上司としていかに部下と向き合うべきなのか。仕事におけるコミュニケーションとは何なのか」を深く考え続ける原体験となった。

顧客との接点である美容部員の育成に目を向けたことが、直接結果に結びついたかどうかはわからないが、この頃から営業の業績が大きく伸びていった。自然と周りの対応も変わり、だんだんと前任者と比較されることはなくなり、最終的には一年を通して営業所トップの数字を達成することができたという。

最初は嫌だと思っていた営業の仕事も、成果が出てくるにつれて、自分の成長を実感できる素晴らしい仕事だと思えるようになってきた。また当時の上司からも学ぶところが多く、このまま営業を続けてもよいと思えるようになった。しかし、そうした矢先に、本社への異動を命じられる。

二周目のサイクル〈新規ビジネスを立ち上げる〉

入社以来ずっと目標にしてきた本社での仕事。その内容は、従来のカネボウ化粧品とは異なる新たなブランド戦略を作るというプロジェクトだった。プロジェクト（後にプロジェクトは正式な「部」となり、最終的には株式会社リサージとして子会社化される）には、複数の部署から選抜されたメンバーが集まっていたが、知識は、若さと営業現場での経験が買われて選抜されていた。

知識が本社へ異動して大きなショックを受けたのは、周りのメンバーが普段の会話で使っていたマーケティング、会計などに関するビジネス用語が全く理解できなかったことである。営業で結果を出し、本社の仕事もその延長線上でどうにかなると思っていただけに、言葉の意味すらわからないことに大きな戸惑いと焦りを感じた。

営業時代は、今月の売上目標を達成することだけに奔走する毎日であり、経営の勉強など全くしていなかった。そこで知識は自らの勉強不足を補うために、ビジネス書を大量に読み漁ったり、グロービス・マネジメント・スクールに通ったりと経営の勉強を始めた。

その後、プロジェクトは社長決裁を通り、本格的な事業化を目指して専任部署が新設され、知識もそのメンバーとなった。「従来のカネボウ化粧品とは異なる新たなブランド戦略を作る」というミッションのため、既存事業との軋轢《あつれき》が生じることもあり、既存組織の応援に頼らずに仕事を進めなければならないことも多かった。また当初のメンバーはわずか五名ほどの少人数であったため、仕事量は半端なものではなかった。

メンバーの中で一番若かった知識は、販売促進、広告宣伝、社員教育に加え、システム開発、会計システムなどのインフラ作りまで、ありとあらゆる仕事をこなした。毎日のようにトラブルが起こるなど苦労は多かったが、とにかくがむしゃらに仕事をこなした。カネボウ化粧品全体の売上に比べると小さいビジネス規模であったため、「刺身のツマのような存在だ」と社内で馬鹿にされることも多々あったが、いつか見返してやると懸命に働いた。知識は、「自分のような若手でも大きな仕事を任され、仕事の幅が広がった。この時の仕事は非常に充実していた」と振り返る。

ところが、仕事で充実感を感じる一方で、何か漠然とした空虚感や将来への不安を感じるようになる。「本社という大きなフィールドで仕事がしたい」という目標を達成した後に、次の目標がないことに気づいたのだ。

「自分は何のためにこんなに一生懸命働いているのか。将来、自分は何のために生きていくのだろうか」という、今まで感じたこともなかった大きな問いに答えを見つけることができないもどかしさが、心の中で大きくなっていった。

二九歳から三二歳頃までの数年、知識は何とか答えを見つけようと、もがき苦しみながら模索を続けた。たとえば、この期間、本田宗一郎や松下幸之助、小倉昌男などの偉大な経営者の自叙伝を読み漁った。もしかしたら彼らも自分と同じ悩みに遭遇したのではないかと思ったからである(そこで、その後の知識が最も大切にするコンセプトとなる「世の中のために、人のために」というフレーズに出合う)。他にも、神谷美恵子がハンセン病患者について記した『生きがいについて』（みすず書房）という本にも出合った。「著者はなぜわざわざ厳しい環境に身を置くのか。なぜ頑張り続けられるのか。それは世の中のために、人のためにという思いがあるからではないか」と知識は思いを強めるようになった。

また本からの気づきだけでなく、異業種の人との交流や、ビジネス・スクールでの学びにより、多様な価値観に触れた。知らないことを知る喜びも感じた。


世の中にはいろいろな仕事がある。中には毎日変哲もない繰り返しだけのように見える仕事もある。でも、そんな仕事に誇りを感じ、真剣に向き合う姿を見て、「この人は何を思って仕事しているのだろう。なぜ頑張れるのだろう」そんなことを考えた。

多くの人は、会社が設定した目標を達成すると、次の目標を達成しようと躍起になる。結果的に、成果を生み出し、このサイクルが回っている人ほど、本当に自分が何をしたいのかと考えることは少なくなってしまう。これでは他人から与えられた人生を生きているのと同じだ。

知識の場合は、自らの仕事が充実している時にも愚直に自分に向き合っている。また、自分一人で悩んでいないのが知識の特徴だ。自分がいる環境から積極的に一歩、外の世界を見に行っている。知らない分野を勉強したり、様々な人に出会うことで新たな気づき、新たな価値観を醸成する。そして自分に当てはめてまた考える。簡単なようで難しい。だからこそ考える。その繰り返しをしているのである。

このように、徹底的に自己と向き合うことから、今でも変わらない知識の仕事観とも言うべきものが見出される。それは、「世の中のために、人のために、誰かのために働く。世の中に存在する仕事に無意味なことはない。世の中はすべての人が分業して成り立っている」というものだ。知識はこの仕事観に対して、心底納得することができた。「自分の仕事と世の中のつながり」という部分に対して見えていなかったものが少し見えるようになったと感じた。ずっと悩み続けてきたからこそ、初めて目の前が開けてきたのである。

「今、自分は化粧品を扱う仕事を行っている。これは世の中の産業にとってはちっぽけな存在かもしれないが、この仕事を通して女性が喜んでくれたり、人の役に立つことを自分はやっているのだと思えた。これが自分にとって働く意味なんだ」

ようやく、自分の仕事の意味が見えてきた知識は次の目標を立てた。

それは、三十代で世の中で役に立つ事業を起こす。四十代は社長という立場で会社の経営をする。五十代はそれまでの経験をもとに別の世界で世の中の役に立つ仕事をする。この大まかな目標を一年ごとに細かく分解して、この目標を達成するために何が足りなくて何を学ぶ必要があるのかと厳しく自問自答していったのである。逆算時計を使って四〇歳まであと何日という形で、目標の期限を目に見えるようにして自分自身を奮い立たせた。

こうして、今までと同じ仕事に取り組んでいても、「社内における新たなブランド戦略を作る」

ということから、「世の中の女性に役に立つ事業を作る」というように、知識の中では仕事の持つ意味が変わっていったのである。

そんな折に新たな転機が訪れた。今までの組織である「部」を子会社として独立させるという話である。当時の知識はまだ課長になりたての三五歳だった。その知識に人事から子会社の社長就任について打診があった。当時のカネボウでは、子会社といえども四十代半ばから五十代の人がなるのが慣例であったが、若手にチャレンジする場を与えるという会社の方針から、事業の立ち上げから携わり、実務を経験している知識が大抜擢されたのだ。知識は「是非やらせてください」と二つ返事で引き受けたという。悩みと向き合い続けた結果、仕事の意味や「世の中の女性に役に立つ事業を作る」という目標が明確に自覚され、自身のキャリアビジョンとも合致していたからであろう。迷いや戸惑いは全くなかったと知識は振り返る。

こうして知識の所属していた部は、「株式会社リサージ」として独立した。同世代の五名前後の社員と派遣社員という小さな組織であったが、社長として自ら先頭に立って経営に携わった。当初は苦労の連続ではあったが、仲間とともに努力することで、徐々に売上も伸び始め、ブランドの認知度も徐々に向上した。一つのブランドでの売上が一〇〇億円規模になると成功と言われる化粧品業界で、知識はゼロから立ち上げた新しい化粧品ブランドを五年間で売上一三〇億円規模に成長させた。リサージに携わる社員も一三〇名前後に増え、この間、ビジネスパーソンとしても経営者としても貴重な経験を積むことができた。

三周目のサイクル〈カネボウ化粧品での事業再生を全うする〉

この頃、株式会社リサージの業績は好調であったが、カネボウ本体の経営悪化が顕著になってきた。入社した時には夢にも思わなかった花王との統合話や、投資ファンドからの買収話が毎日のようにニュースになる。会社の行く末に不安が募るばかりであったが、結局、二〇〇四年三月にカネボウは産業再生機構の支援を受けることになった。

実は、産業再生機構の支援が入る前に、知識をリサージからカネボウに戻して、経営再建に取り組ませるべきだという声があったという。リサージで好業績をあげている知識の実力を見込んでの話だった。

しかし、その時は「カネボウに戻ることよりも、自らが立ち上げた新規事業の子会社で実績を作ることで本体に貢献するのだ」と自分に言い聞かせ、そんな話には耳を傾けようとはしなかった。とはいうものの、揺れ動く気持ちがあることも事実だった。「カネボウに戻るべきか、それともリサージに残るべきか」自問自答し続けた。「自分が入社した会社であり、ここまで自分を育ててくれたカネボウが厳しい状況に追い込まれている。しかし、自分には今まで本当に苦労しながら、我が子のように育ててきたリサージがある。苦労をともにした仲間がいる」。答えの見つからない葛藤がどんどん自分の中で大きくなっていった。

このような葛藤とは別に、この頃の知識は冷静かつ客観的にカネボウの問題点を分析していた。自分がカネボウの経営者であったら、どのように経営の指揮を執るのかをいつも考えていた。そのように考えた仮説をリサージの現場で検証してみたりもしていた。

しかし、日に日に悪くなるカネボウの厳しい状態を目の当たりにして、「自分はただ会社の危機から逃げているだけなのかもしれない、自分は卑怯な人間ではないか」という思いが強くなっていった。カネボウで繰り広げられるその場凌ぎだけの対策や、夢や希望も感じられない疲弊感の漂った社員の表情を見るにつれ、「カネボウはいつからこんな会社になってしまったのか」とぶつけようのない怒りにも似た感情を覚えた。

カネボウの経営悪化が進むにつれて、社員の中には転職する者も出始めた。恐らく、知識にも良い条件での競合企業への転職の話があったであろう。また本人がその気になれば他社に移ることも容易であっただろう。

しかし、知識は転職など微塵《みじん》も考えなかったという。目の前で自分を育ててくれたカネボウという会社が燃えている。何とかしなければならない。他社に転職するなどという思いは全くなかった。何より自分が入った会社、自分を育ててくれた会社、カネボウへの強い思い入れがあった。知識は言う。

「やっぱり、カネボウが好きだったのですよ」

この言葉を裏付ける話が、産業再生機構がカネボウ化粧品の社長になぜ知識を選んだかというエピソードにある。社長に選任した理由を直接聞かされたことはないとのことだが、後になって関係者からは次のようなことを聞いたという。一つ目は、「もしあなたが社長になったらどうするか」という質問に、ビジネスの共通言語で理路整然と答えられた数少ない人物の一人であったこと。二つ目に、社内ベンチャー的な事業の立ち上げと子会社の経営を経験した人物であったこと。三つ目に、カネボウ化粧品の最前線で頑張っている美容部員にインタビューすると、知識のことを悪く言う人は限りなくゼロに近かったということ。社員の大多数を占めるのが現場の美容部員という会社で、現場の評判が悪い人物は登用できないという判断基準からも知識は最適であった。そして、最後の理由は、知識はカネボウが好きだったということである。

時間が経てば経つほど、カネボウの状況が悪化していく中で、知識は悩み続けていた。「もしかすると失敗して社員やその家族を路頭に迷わすかもしれない。本当にチャレンジすべきなのか」

そんな時にリサージの仲間たちから、「知識さん、カネボウに戻って改革してください」と涙ながらに言われたことで覚悟が固まった。「もし自分がカネボウに貢献できるようなことがあるならば、今まで自分が育ててきたこのリサージという事業を捨ててでもやらなくてはいけない。一万三〇〇〇人の社員とその家族、自分を育ててくれた先輩や取引先、そしてカネボウファンのお客様など、多くの人たちが大事にしてきたものを、ここでなくすわけにはいかない」こんな強い思いに至った。

産業再生機構の支援が決定されて、カネボウ化粧品の社長就任を打診された時には、もう腹は決まっていた。「わかりました。やらせてください」とその場で引き受けて再生の仕事が始まった。四一歳の時である。それまでのカネボウならあり得ない年齢での社長就任だった。産業再生機構が支援できる期間は三年間と決まっていた。一刻も早く企業価値を高めて経営再建を果たすこと。これが知識にとっての新しい目標となったのである。

カネボウの再生は辛い仕事だった。今までの輝かしいカネボウの歴史を作りあげてきた先輩、お世話になった人たちが、知識の周りには当然多くいた。事業再生の過程では、過去の成功体験を否定し、その人たちが大切にしてきたものを切り捨てたりしなければならないことが多かった。中には事業の撤退や閉鎖という厳しい案件もあった。そんな難問が容赦なく突きつけられる。それが再生企業の宿命であり現実であった。知識は当時をこう振り返る。

「情けない話ですが、カネボウ化粧品の社長になって最初の一カ月はノイローゼになりそうでした。厳しい案件では、お世話になった人や仲間の顔が浮かぶんです。会社のためとはいえ、本当にこうすることが人として正しいことなのだろうか、という思いに駆られることもありました。会社の将来のことを考えると眠れませんでした。当時の私には、こんな厳しい状況の中でも決断を下すのが経営者の使命だと自分に言い聞かせるしかなかったのです」

現場で頑張っている美容部員の姿を見ると、「一万三〇〇〇人の社員、そしてその家族を守るためにやり切らなければならない」と勇気づけられた。そのことが激務の原動力だった。

また、再生の仕事はスピードが極めて大切であった。社長就任後、社長直轄のプロジェクトチームを作り、過去の膿出しと新しいビジョンに向けた戦略策定を三カ月で行った。基本的な方向性が正しければ六〇点でもGOと決め、まずスタートさせた。再生を成功させるためには、密度の濃い時間で方向性を決めて、元に戻ろうとする組織の慣性が強くなる前に、一気に新しい方向に舵を切るパワーが必要だと考えたのだ。社長自らが陣頭指揮で変えるべきもの、変えてはいけないものを決めていった。

知識に、なぜこの辛い仕事ができたかと問うと、「カネボウを再生するという『使命感』だったと言う。現場からの生え抜き社長であった知識にとって、再生というのはかっこいい経営戦略論で語られるものではなかった。とにかくカネボウを守る、事業を守る。社員の雇用を守りその家族を守る。このことが最も大切だった。

「若い時はこの言葉は嫌いだったが、やはり最後は『人間力』という言葉に集約される」と知識は言う。論理や言葉を超えた力の存在を思い知った。何事にも絶対に逃げずに向き合い続ける。諦めないことが大切であると学んだ。「産業再生機構が言うのだからやらなければ仕方がないだろう」――こんな言葉をリーダーが言えば誰もついてこない。逃げたら終わりだ。

社長になって初めてカネボウ化粧品の本社社員の全員朝礼に出た時のことを思い出す。

「カネボウはどうなってしまうのだろう。たかが子会社の社長の若造に何ができるというのか」。そんな声が出てもおかしくないと思いながら、重い空気が立ち込める中、知識はこう語った。

「とにかく頑張ろう。もう一度、カネボウを素晴らしい会社にしよう。自分も一生懸命やるから、みんなもついて来て欲しい。この指に止まって欲しい」

この言葉が一瞬にしてその場の空気を変えた。

カネボウを守る、社員を守るという使命感がなければ、到底やり切ることなどできない苦しい仕事だった。心身ともに何かに蝕まれていくような思いがあった。いつしかこの使命感の重みが、どんどん自分の中に溜まっていくような感覚を持った。「自分はもう畳の上で平穏無事に死ぬことはないかもしれない。しかしこの仕事だけはやり切らなければならない」

行き詰まった時には、夜中にその思いを日記に書いた。「いつの日か、あの時はこんなことで悩んでいたんだなと笑って読み返すことができる、成長した自分に逢える日が来ることを信じて、書いてましたよ」と知識は語る。

万策尽き果て、どうしようもない状況の時には、神頼みすらしたという。「この再生の仕事で社員やその家族を守ることができたならば、私の命はどうなってもよいです。力を貸してください」と。この仕事に心身ともにかけた知識の思いがひしひしと伝わってくる話である。

四周目のサイクル〈カネボウ化粧品退任、そして新しい目標へ〉

二〇〇六年一月にカネボウ化粧品が花王へ売却されることが決定してから三年後の二〇〇九年三月、二四年勤めたカネボウを退社した。産業再生機構の支援が決定されてから五年後のことだった。

産業再生機構の支援時は、とにかく自主再建と社員の雇用確保を目指した。花王傘下に入ってからは、花王グループの中でのビューティケア事業の柱として、カネボウ化粧品のポジションと存在感を明確にし、企業価値を向上させることに奔走した。

極限まで張りつめた気持ちで五年間走り続けたカネボウ化粧品の社長を退任する時の気持ちを知識は次のように語った。「達成感というよりも、もういいんだ、走らなくていいんだ」

自分で自分の気持ちにタオルを投げ込んだような感覚であった。知識のこの言葉は命がけの志の終焉を表している。

心の底から愛したカネボウを退社して、しばらくは何も集中することができない放心状態が続いたという。ただし、こんな状態ではいけない、働かなければという漠然とした思いがあり、すぐに次の職を探そうとしていた。そんな時にある人から、「焦ることはない。あなたはもっと経験した方がよい。できる限り多くの会社を見て、自分の経験していないことを勉強しなさい」と言われた。そこで「創志舎」という経営支援の会社を立ち上げて、いろいろな会社の顧問やアドバイザーの仕事をしながら、その一方で自分自身を客観的に見つめ直すことに時間を費やした。

このような生活を一年間ほど続けた時に気づいたことがあった。

「それは、日本には日本的な事業再生の在り方が必要だということだった。金融機関にありがちな金融支援だけの手法、外資系ファンドにありがちな悪い箇所を取り除くだけの短期的手法ではなく、事業に携わる人が成長し、継続的に事業が良くなるような事業再生が必要だ。バランスシートの短期的な改善ではなく、損益計算書上のトップラインを少しでも上げること、販管費を下げること、原価を下げること。それを社員が知恵を絞り、汗水垂らして達成することによって初めて事業が良くなる。そうしたことを可能にするには、そこで働く社員が頑張るしかない。だからこそ人を大切にしたい。これこそが日本的な事業再生であるべきだ。日本では事業再生の歴史も浅く、社会的なビジネスインフラや制度が脆弱《ぜいじゃく》であったため、事業再生とは名ばかりの悲惨なことが起きてしまった。もう二度とカネボウのような悲惨な状況を繰り返してはいけない。再生の会社では悲しい出来事が一杯起こる。社員の子供が学校でいじめられたりする。事業や会社の失敗が人生の失敗にならないようにしたい」

知識は、そんな世の中にしたいと思った。そのために自分の経験が役に立てばと思う。カネボウという伝統的な日本企業の事業再生を経験したからこそ感じる思いだろう。

その後、知識は、創業者からの熱い誘いがあったこともあり、若いベンチャー企業をもう一度活性化するために新たなステージとしてテイクアンドギヴ・ニーズを選んだのである。

最後に

知識は言う。

「決して謙遜ではなく、私は特別な能力を持った人間ではありません。私だって何とかここまで来られたのだから、誰にだってその気になればできるはずです。人生において何を成し遂げたかも大切ですが、どのように向き合って生きてきたかのほうが大切なように思います。生かされている自分を知ることで、生きていく意味を知るのです」

他人から見れば仕事が非常に順調に推移している、自らが作ったリサージの社長時代に、仕事の意味を自問自答し、カネボウに戻るかどうかを考え抜き、結果的にカネボウを救うことだけを目標に数年間を過ごした知識だから言える言葉だろう。自問自答を繰り返しながら、愚直に志の実現に向かうことの重要性を知識は教えてくれる。

志のサイクルのまとめ

知識の志がこれまでにたどってきた過程を、志のサイクルの五つのフェーズに当てはめて、整理してみよう。

新たな目標の設定……カネボウ入社後、トップ営業になるという目標を立てる。

達成への取り組み……トップ営業の前任者と比較されるなど、様々な苦労を抱えながら、努力を継続。

取り組みの終焉……最終的にトップの成績を収める。本社へ異動する。

客観視……本社に異動するも、経営用語がわからず、自分の非力を知り、書物を読み漁り、ビジネス・スクールに通う。様々な価値観に触れる。

自問自答……充実した生活の中で、ふと自分にとって仕事とは何か、何のために働くのか、次の目標は何かを考え始める。

新たな目標の設定……「世の中の女性に喜んでもらえる化粧品ビジネスを立ち上げる」ことへ昇華。

達成への取り組み……リサージの社長に就任し、一〇〇億円を超えるブランドに育て上げる。

取り組みの終焉……(リサージの社長としての仕事は充実しており、この段階では終焉を迎えず)

客観視……業績が悪化したカネボウを一歩離れた所から見る。

自問自答……カネボウに戻るべきか、リサージに残るべきかと悩む。

新たな目標の設定……悩んだ結果、カネボウと社員、家族を守る、世の中のためにカネボウを再生させるという目標を立てる。

達成への取り組み……決死の覚悟で再生にあたり、一定の成果を上げる。

取り組みの終焉……カネボウ化粧品が花王の傘下となり、カネボウ化粧品退任。

客観視……一年間、自らが起こした会社で、中小企業のコンサルティングなどをしながら次の目標を考えるための思索期間を置く。

自問自答……日本的事業再生の在り方を確立するために、自分は何ができるかを自問自答。

新たな目標の設定……第二の成長期を迎えたテイクアンドギヴ・ニーズの社長に就任。

事例 2

従来の取り組みへの反動からきた新しい目標の設定

株式会社インテグレックス　代表取締役社長　秋山をね氏

プロフィール

一九六〇年生まれ。大阪教育大学附属高等学校天王寺校舎を卒業後、慶應義塾大学経済学部に入学。在学中に大学派遣交換留学生として、米国のブラウン大学に一年間在籍。一九八三年、外資系証券会社に入社。一年間、セールス・アシスタントとして働いた後、米国系証券会社に転職し、トレーディング業務に携わる。一九八七年、働いていた会社がブラックマンデーで倒産し、リーマン・ブラザーズに吸収合併。その後も外国債券のトレーディング業務に携わるが、出産を機に退職。

二年弱のブランクを経て、一九九六年、青山学院大学大学院国際政治経済学部の社会人コースに入学。一九九八年、ファイナンス修士取得、並びに米国公認会計士試験合格。一九九九年、独立系証券会社の米国子会社の駐在員として仕事へ復帰。一年半、米国でヘッジファンドを担当した後、帰国。

二〇〇一年六月、株式会社インテグレックス設立。現在に至る。

だ日本ではほとんど知られていなかった。現在もこの志の実現に向けて日々邁進中の秋山だが、どういう過程を経て、今に至ったのか、順を追って見ていきたい。

幼少期〜大学時代

秋山は、人生における価値観の形成には大きく二つのことが影響していると言う。一つは母親の存在である。父親の転勤により、仕事を辞めざるを得なかった母親から、「これから先は、女の子も手に職をつけて仕事をしないとだめよ」と小さい頃から言われ続けて育った。

もう一つは通学していた高校の教育方針である。秋山が通っていた大阪教育大学附属高校天王寺校舎では、「勉強もやるし、運動もやるし、人格的にも良い人間になってスーパーマンを目指しなさい。何のためにあなたがたが存在するかというと、良い社会を作るためであって、そのために君たちは今、いろんな経験をしているんだ」というメッセージを繰り返し受け取っていた。

「高校の中間テストや期末テストの際、『みんなを信じているし、誰のための、何のためのテストなのかをよく考えれば、ずるをして良い点を取っても意味がない』と言って、監督者の先生が本当に教室から出ていってしまうような高校だった。この高校での経験が私の人生に与えた影響は少なくない」と秋山は言う。自然と「一生続けることができる仕事、社会に役に立てる仕事をしたい」という思いが募っていった。

送りや資料集めの仕事も当然だし、それも勉強だと思っていた。だから、就職してすぐは目の前のことに必死で特に何も感じなかった」

しかし、仕事に慣れ、落ち着いてくると、男性は半年かけて証券業務に必要なアメリカの資格を取るように言われ、勉強する時間も与えられるが、女性のアシスタントには声もかけてもらえない状況に、将来展望に不安を持ち始めた。

思い切って一緒に入った女性のアシスタントのメンバーと、会社に対して、自分たちもその資格を取りたいと直訴した。すると、「業務に支障がない範囲で勉強するのであればどうぞ」といって勉強のためのテキストをくれた。そこで秋山は勉強し、試験を受け、一年後には証券業務に必要な資格を二つ取得する。そのようなこともあり次第に、国債の売買などを行うトレーディング業務に関心を持つようになっていたが、同時にこのままでは状況は変わりそうにないことも薄々感じていた。

秋山は、ある日思い切って、アメリカ人の上司に質問を投げかける。「自分はまだ新入社員ですぐにできるとは思っていないけれど、必要な資格も取ったので、いつかトレーダーをしたいと思っている。そのために必要な勉強もする覚悟はある。将来的にこの会社でトレーダーになれるチャンスはあるか?」。答えは、「日本人の女にはそんなことさせられない」というものであった。

この一件で、秋山は「この会社ではやりたいことはできない」と痛感した。先が見えない中、それでも一生懸命仕事は続けた。

そんな秋山に、就職して一年後、転機が訪れる。アシスタントとしてサポートをしていた営業の人間が、新たに日本に進出したアメリカの証券会社の支社長として転職することになり、一緒に来ないかと誘われたのだ。「トレーダーとしてであれば、是非行きたい」という秋山の願いが認められ、転職が決まった。

一周目のサイクル〈トレーダーとして一人前になる〉

一九八四年、秋山は、転職により念願のトレーディング業務に就くことになった。「トレーダーとして一人前になり、周囲から認められたい」という一心で、日々業務に打ち込んでいた。まさに二四時間働く感覚で、誰よりも懸命に働いていたと当時を回顧する。

しかし、一九八七年、ニューヨーク株式市場で起こった〝ブラックマンデー〟と呼ばれる過去最大規模の株価大暴落で、勤めていた会社がまさかの倒産。リーマン・ブラザーズに吸収合併されることになった。四〇名ほどいた社員の半分ぐらいは解雇されたが、秋山は無事、トレーダーとして再雇用された。

そんな秋山は、ある程度業務で実績を上げられるようになるにつれて、徐々に、お金がすべて、お金を稼ぐ人が一番偉い、というウォールストリート（米国ニューヨークの金融街）の考え方に疑問を持つようになる。

当時のことを彼女はこう語る。「ウォールストリートでは、とにかく稼いだ人が評価された。右のものを左に移して、そこで利益を上げる。市場の流動性を確保するという大義名分はあるものの、はっきり言って、それって何なのよ、と思うようになった。一緒に働いている人も、どんな車を持っているとか、別荘を買ったとか、物の話しかせず、誰かとのつながりとか、何かに感動したとかそういう話がなかった」

その疑問を決定的にしたのは、一九九一年の湾岸戦争であった。アメリカのニュース専門放送局のCNNで生中継された初めての戦争だったが、そこで行われた「砂漠の嵐作戦」で、中東の明け方、つまり日本時間の午後三時ぐらいに空爆するかどうかが、トレーダーたちの一大関心事だった。というのも空爆するとアメリカ国債の値段が上がるからだ。トレーダーは皆それを期待して待っており、空爆が始まると、「やった！　空爆だ。買え、買え、買え」となった。

秋山は、これを機に本格的に悩むようになる。

「戦争があるということを喜んで、それが金儲けになる仕事ってどうなのよ、と思うようになった。あらゆる仕事は社会に役立つものだと思うし、必要ないものは存在しないと思う。でもちょっとどうなのかな、と思うような仕事を続けるより、同じやるからには、学生時代に抱いていたような社会の役に立っていることが実感できる仕事がしたいという思いがまた強くなってきていた。それでもその後、三、四年ぐらいは何かおかしい気がすると悶々としながらも仕事を続けていた。

その頃はある意味、周りを見る余裕ができて、さらに自分がこの先、仕事を続けるとしたら何ができるのかというようなことも見えてきた時期だったのかもしれない。もし一年目で周りがそんなことをしていても、疑問に思う余裕はなかったと思う。トレーダーを続けていきたければそれもできたし、マネジメントのほうに進むという選択肢もあったが、全くそうしたいとは思わなかった。トレーダーを続けていれば生活には困らなかったかもしれないけど、悶々としながらやっていくこと自体がどうなのかなとも思って、とうとう最後の一、二年は開発金融をやっている国際機関や金融機関など、転職活動をしていました」

価値観の相違から悶々とした日々を送る中、結婚していた秋山は妊娠、そして出産のため会社を辞めた。トレーダーとして実績を上げ、社内でも認められていた時期ではあったが、子育ては今しかできないという気持ちと、一〇年間トレーディングをやり、一人前のトレーダーになるという当初の目標について、自分としてのやりきった感が彼女の決断を促した。「トレーディングの仕事は『二四時間戦えますか』の仕事なので、物理的に無理だし、結婚もしていたので生活には困らないだろうと思って辞めた。確かにちょっと後ろ髪ひかれる部分はあったが、現実的に無理ということと、仕事をとるか子供をとるかの選択だったので、当然、子供をとった。

トレーダーではなく、バックオフィスの事務仕事で続けようと思ったら、それもできたのかもしれない。でも一〇年、トレーディングをやって、とりあえず自分としては、やりきった感もあり、一つ区切りをつけようという気持ちだった。もしいつか再度仕事をしたいと思ったら、それまで一〇年以上働いていたし、いろんな人とのつながりもあったので、自信とまでは言えないが何とかなるのではないかという気持ちはあった」と当時を振り返って語る。

秋山はこの時、いったん志の終焉を迎えている。妊娠、出産が直接のきっかけではあるが、トレーディングのプロになる、という仕事への「やりきった感」によるものが大きかった。

二周目のサイクル〈子供を育てるために、生活の基盤を作る〉

出産のために仕事を辞めた秋山は、昼間からワイドショーを見たり、映画館に行ったり、今までできなかったことができる毎日を解放感に浸りながら楽しんだという。しかし、子供ができた数カ月後には落ち着いたら仕事に復帰すると考えていた秋山は、あまりブランクを空けるのはよくないと考え、出産前に働いていた会社の翻訳の仕事を始めた。

引き受けるからにはプロにならないと、という思いから翻訳の通信教育を受けたりもしたという。このあたりは、どうせやるなら一流の仕事を、という秋山のプロ意識を色濃く表している。

また、次の機会に向けた準備を常に怠らないようにしていたことも特筆すべきであろう。

そのような状態が少し続いた後、秋山に離婚という大きな転機が訪れる。子供はまだ一歳になるかならないかの頃で、翻訳では食べていけないと感じた秋山は、離婚を機に本格的に仕事の再開を考えた。しかし、幼い子供を抱えた秋山にはフルタイムの仕事は難しく、再就職はそれほど容易なことではなかった。

秋山は就職活動をするにあたって、まず子供を保育園に入れることを考えるが、保育園は働いていないと入れてもらえない。入れてもらえないと職探しもできないというジレンマに陥った。そこでどうすれば保育園に入れてもらえるかを聞きに行ったところ、仕事をしているか、学校に行っていればよいという回答であった。

学校だったら行ける、と考えた秋山は、どうせ行くなら将来、役に立ちそうなところを、と考え、自身の以前の専門に近い青山学院大学の大学院（ファイナンス専攻）に進学した。大学院は社会人向けのもので夜間と土曜日のみだったため、日中の時間を利用して、同時に通信教育で米国の公認会計士資格であるCPAの勉強をした。CPAは合格までに平均一、二年はかかると言われている難関資格である。ここでも秋山の、やると決めたらとことんやる、という仕事への取り組み姿勢を垣間見ることができる。

大学院二年目には、本格的な仕事への復帰に備えて翻訳の仕事もしていた。大学院を卒業する一九九八年、三八歳だった秋山は、昔の同僚や上司に職探しをしていると声をかけて回ったという。その中で、昔の上司からアメリカでの仕事のオファーを受けた。以前留学していたこともあり、何度も仕事で滞在したことのあるアメリカ。子育てをしながらという不安はあったものの、食べていかなければならないという思いだけで、独立系証券会社への就職を決めた。

秋山はウォールストリートに戻った。子供との生活がかかっていることもあり、成果を出すために、生活基盤を作るために、一生懸命に働く日々を過ごした。それはそれで、充実した日々だったと秋山は言う。しかし、仕事をしていく中で、リーマン・ブラザーズ時代に感じた違和感を再度持つことになる。子供との生活のことを最優先に考えて戻ることを決めた業界でもあり、わかっていたことではあったのだが。

「何年間かブランクがあったけれど全く変わらないし、いろんなことを駆使してお金を作り出す能力はすごいけど、ちょっと……。やっぱりお金がすべてなのか」。悶々とした生活が続く中、約一年半が経った頃、会社がアジアに力を入れていくことになったことから、アメリカの支社が縮小されることになり、日本への帰国が決まった。

与えられた目標を常に高いレベルでこなす秋山だが、その裏側には必要な能力を獲得するための惜しみない努力と準備が常にある。一般的には困難と言われる状況において、子供を育てるための生活基盤を作ることができた。

三周目のサイクル〈SRIとの出合い～日本のために～〉

日本に帰国して間もなく、ＳＲＩ（社会的責任投資）との運命的な出合いが訪れる。

きっかけをもたらしたのは当時の上司（現株式会社インテグレックスのＣＥＯである西森仁志氏）である。たまたま彼が参加した日本証券業協会の研修で扱われたＳＲＩについて、アメリカで働いていた秋山に確認してきたのだ。「ＳＲＩって知ってるか？」との西森氏への秋山の答えは「なんですか、それ？」だったという。

秋山は、ＳＲＩの考え方についていろいろ調べていくうちに、アメリカでは二兆ドルを超える極めて規模の大きな残高もあり、実際に投資が何年も行われていることを知り、「本当に良い意味での衝撃だったし、『これはすごい。日本でもこれをしたい』と即座に思った」と言う。「投資というのはあくまでも金儲けの手段であって、投資によって社会を良くすることができる、なんていう発想は全くなかったし、考えたこともなかった。自分がよく知っているはずの世界で、実際にそう考えたことがなかったこと自体が、一番ショックだった。目が開かれた」

秋山は、ＳＲＩに取り組むことに関しては、一瞬の迷いもなかったと言う。早速勉強会をし、社内で勝手にプロジェクトを立ち上げた。が、すぐに壁にぶつかることになった。社会的責任や企業の倫理観を評価するということが当然ながら必要なのだが、評価をするにあたっては中立な立場で、公正公平さを目指さなければならない。しかし証券会社においてはいろんな取引先があるため、自分たちは中立性を確保して調査や評価をしているつもりでも、残念ながら外部の人からはそうは見られないかもしれないという懸念があったのだ。

そうした中、「ＳＲＩを日本にどうしても定着させたい。それであれば、もう独立するしかないだろう」と考えるようになっていった。「これまでも悶々として、実際に転職活動をしたこともあったが、結局動かなかった。でも今回は臨界点を超えたのでしょうね。熱に浮かされていたというか、何も考えずに、『とにかく私、これをやるんだ、これ、私したい』と思った。全く迷いはなかった」。学生時代に感じていた社会のために役に立ちたい、という価値観を実現できる仕事にとうとう秋山は出合ったのだ。

こうして秋山は二〇〇一年六月、株式会社インテグレックスを設立した。現在、インテグレックスは、ＳＲＩのための調査会社として、全上場会社を対象に調査を実施し、ＳＲＩファンドへの投資助言を行っている。

秋山にとって、志とは「自分の心の中に湧きあがってくるどうしようもない思い」だと言う。「いろんな人が自由に考えて、将来こういう仕事に就きたいと思えば機会が与えられて、努力をした人が報われる。努力をしないという選択肢もあるが、それは自己責任。そういう自立と自律によって報われる」、そんな社会が秋山の理想だ。

社会を良くすることに投資を通じて貢献する、という秋山の志へのチャレンジは続く。

最後に

秋山は常に、目の前のことにとにかく一生懸命だった。高いエネルギーレベルで取り組み、そしていつの時代も、自らの状況を非常に冷静に客観視していた点が特徴的だ。客観視するということは、言いかえれば自分と自分を取り巻く状況から逃げずに、真正面から対峙するということであり、思いのほか難しいものである。

秋山はこの客観視をしっかりすることから、一生をかけて取り組むことができそうなＳＲＩファンドの設立に行きつくことができた。秋山のインタビューから、逃げずに客観視することの重要性を改めて感じてほしい。

志のサイクルのまとめ

秋山の志がこれまでにたどってきた過程を、志のサイクルの五つのフェーズに当てはめて、整理してみよう。

新たな目標の設定……経済的に自立するため、そして自らの手に職をつけるためトレーダーとして一人前になることを目標にし、トレーダーへの道を歩み始める。

達成への取り組み……一人前のトレーダーになるため、二四時間体制で懸命に働き、努力する。

取り組みの終焉……一〇年間、トレーディング業務に携わり、「トレーディングのプロになる」という志に対して、やりきった感を持ち、妊娠、出産を機に退職。

客観視……出産を経て、離婚を経験し、再就職にあたり自らの市場における価値を冷静に客観視。

自問自答……三十代半ば、年齢的にも決して有利な状況ではなく、またブランクがある自分がどうすれば本格的な仕事を再開できるのかを考える。

新たな目標の設定……子供を育てるために、安定的な正社員としての生活基盤を作ることを目標にする。

達成への取り組み……職探しをするために保育園に子供を入れようと、学校に行くことを選択、大学院に通いつつCPAの勉強をし、再就職のための基盤を作る。

取り組みの終焉……かつての上司からの縁で独立系証券会社(アメリカ事務所)への再就職を果たす。

客観視……再就職後、かつて感じたウォールストリートの「お金がすべて」という論理に再度、違和感を持つ。

自問自答……悶々とした日々を送る中、会社の方針変更のため、日本への帰国が決定。

新たな目標の設定……日本に戻り、業務をこなす中、たまたまＳＲＩというコンセプトに出合う。

達成への取り組み……株式会社インテグレックスを起業し、ＳＲＩを通じて、社会を良くすることに貢献する。

事例 3

一貫した大志の実現に向け、小志のサイクルが回る

元株式会社ベルシステム24 常務執行役

廣瀬聡 氏

プロフィール

一九六五年東京生まれ。旧運輸省のキャリア官僚である父と専業主婦の母との間に、三人兄弟の長男として育つ。父親の仕事の都合により、六〜九歳をイギリスで過ごす。栄光学園高等学校を卒業後、慶應義塾大学経済学部に入学。一九八九年に日本長期信用銀行(現・新生銀行)に入行。一九九三年から二年間、米国のカーネギー・メロン大学経営管理学部へ留学。

一九九八年七月に米国系の戦略コンサルティング・ファームに入社。

二〇〇三年五月にAIU保険会社に移籍し、経営企画部長、代表室長、執行役員バイスプレジデントを歴任。

二〇一〇年五月より株式会社ベルシステム24の常務執行役に就任。品質管理、コーポレートコミュニケーション、新規事業、事業開発などの担当として同社の再建に尽力。

二〇〇一年よりグロービス・マネジメント・スクールおよび同経営大学院の専任教員も務める。

このケースの意味合い

このケースで特徴的なのは、理論編で示した志の醸成サイクルを複数回、回っているところにある。加えて、そのサイクルが回るにしたがって、理論編で述べているように志の自律性が高まり、社会性が増す方向に成長しているところも、併せて見ることができる。ここでは、志の醸成サイクルが回り、そして、志自体が成長していく様子を見ていくことにする。

ケース

廣瀬の志とは

当時、廣瀬はベルシステム24という大手のコールセンター企業の常務執行役として活躍していた。自身が自覚している志とは、「日本における、日本人による、日本のための正しい経営ができる企業を創り出す」ことである。この志に至るまでの過程でいくつかの志の変容が見られており、現在もまだその成長過程であるが、どのような過程をたどって今に至ったのか、以下、順を追って見ていこう。

幼少期〜大学時代

廣瀬は、父親の転勤により六歳から九歳までをイギリスで過ごしている。この海外での経験が廣瀬のアイデンティティに大きく二つの影響を与えている。

一つ目は、「日本人としての誇り」を持ったことである。廣瀬は日本人学校ではなく現地の小学校に通っていたが、そこでは少なからず人種差別を受けた。「今考えるとたいしたことがあったわけではないが、多感な時期に差別を受けるような体験をしたことが、日本人としての自覚、そして日本人としての誇りを持つきっかけになった」と廣瀬は振り返る。

二つ目は「人と違うことをする」ということ。現地の学校では、画一的な行動を推奨しがちな日本の教育とは違い、人と異なること、個性を発揮することを重んじる欧米型の教育が実践されていた。たとえば次のようなエピソードがある。毎週月曜日の朝にクラスメイトの前で、その週末に何をしたかを一人ずつ話さなくてはならず、廣瀬の順番は最後のほうだった。しかし、彼が言おうとしていたことのほとんどは、クラスメイトたちに先に言われてしまっていた。仕方なく、「前に発表した友達と一緒だった」と発言したところ、「聡、あなたが人に存在を認めてもらうためには、人と何が違うのかを表現しなければならない」と担任の先生に繰り返し厳しく言われたという。子供なりにショックだった。

このような体験をはじめとし、欧米流の教育を受けていく中で、廣瀬の考え方のベースに、人とは違うことをしなければ自分の存在価値はなく、周りにも認めてもらえないということが刻み込まれていった。

大学進学を意識する頃になると、父親も含めた父方の親戚・兄弟がすべて東京大学を卒業しているという環境もあってか、学歴志向の強い母親からかなり厳しく「東京大学への入学」に対するプレッシャーを受けていた。廣瀬にとっては、東京大学への進学は世間体にしか思えず、あまり意味を見出せなかった。結局、東京大学には不合格となり、慶應義塾大学に入学することになった。この大学生活は自身が「四年間過ごした大学で学んだことは、あまり役に立っていないと思う」と回顧するほど、つまらない生活であった。

そんな窮屈な家庭環境と退屈な大学生活を送る反面、母方の祖父からは多くのことを学んだと言う。廣瀬の祖父は九州大学農学部を卒業後、国費でアイルランドに留学した経験を持ち、タバコを扱う商社を経営していた。この祖父が、廣瀬の物事に対する論理的な考え方や経営者としての姿勢に大きな影響を与えている。

たとえば、大学入学と同時に一〇〇万円を渡されて、「これを株式投資で運用しながら生活しろ」と告げられた。最終的には半額くらいまで減らしてしまったものの、自分で証券会社に口座を開き、いろいろな情報を集め、運用を始めた。時折、祖父に運用している株式の銘柄などの話をする際には「どの株を買ったのか」、「なんでその株を買ったのか」、「そしてどうなったのか」、「それはなぜだと思うのか」といった様々な質問を受けた。

また、祖父は会社の経営についても教えてくれた。経営における重要かつ難解な局面において下した判断、たとえば、最終的には自身の経営する会社を大手商社に売却することになるのだが、その売却の過程や、その時に従業員から受けたコメントを手紙などの実物をも交えて細かく話してくれた。そのような中から廣瀬はあるべき経営者の姿というものを思い描くことになる。

一周目のサイクル〈長銀の役に立つ〉

大学四年生になって就職活動を始める頃には、「より良い日本にするために、社会人として貢献する」という気持ちが強くなっていた。キャリア官僚として日本の仕組みを作っていた父や、経営者として日本経済の成長に寄与していた祖父、その二人の背中を見てたどり着いた思いである。

一方で、株式の売買を通じて「産業を強くするのは金融である」という考えも持っていた。産業を強くし、ひいては日本をより良くするという役割を担える銀行は、日本興業銀行、日本長期信用銀行（以下、長銀）、日本債券信用銀行の三つ。結局、その中から長銀を選ぶことになるが、これには二つ理由がある。

一つは窮屈だった家庭環境の反動から、自由さに憧れており、長銀が一番自由に見えたこと。二つ目は、東大至上主義的な金融機関において、慶應義塾大学卒でも大きな仕事を任される可能性が他の二つの銀行に比べると高かったことである。バブルの真っ只中だった一九八九年四月、廣瀬は長銀に入行した。

入行後、債券や為替、あるいはその先物やオプションなどを市場で取引するマーケット部門に配属され、銀行員としてのキャリアをスタートさせるが、早速目標をMBA留学に定める。入社時の最終面談で当時の頭取にMBA留学制度があることを聞いていた。世界経済の中心地である米国で学ぶことを夢見ていた廣瀬にとっては、MBA取得はどうしても成し得たい目標であったのだ。

そう決めたら行動が早い廣瀬は、留学の権利を勝ち取るため、人事部へ自薦の手紙を書いたり、担当の役員に直談判しにいったり、様々な策に打って出た。結果として、それらが奏功し、同期の中では二番目に若い年次でのMBA留学を勝ち取った。一九九三年九月のことである。自分が思ったこと、考えたことを実現するために、とにかくアクティブに動くのが廣瀬の特徴である。

カーネギー・メロン大学（米国のMBAランキングで常にトップ二〇位以内に入る名門校）でのMBA生活は廣瀬にとって、とても刺激的であり、楽しかった。多くの国から学びにきている仲間たちと、毎日繰り返される「知的競争」が楽しくて仕方がなかった。しかし、そんな楽しい時間が過ぎるのはあっという間で、すぐに卒業が間近になった。卒業してから会社に戻ってやりたい仕事を考えた廣瀬は、会社から配属先を決められてしまう前に関係部門の長や人事部に手紙を送り、その部署への配属を実現させている。留学を勝ち取ったのと同じ手法だ。

当然のことながら、帰国後の配属部署は会社が一方的に決めるケースが多い中、廣瀬は自らの意図で勝ち取ろうとしたのだ。普通ならそんなことはしないが、幼少時に人と異なることの重要性が心に刻み込まれていた廣瀬にとって、普通の人たちがどうするかなどは関係がなく、周りと違うことをすることも全く怖くなかった。すべては「長銀での仕事を通じて、より良い日本にする」。その一点が、廣瀬の行動の起点であった。

一九九五年に帰国し、希望通りの仕事を任され、順調にキャリアを重ねていった廣瀬。任される仕事もどんどん経営層に近い大きな仕事となっていった。そうした中、欧州の銀行との提携話が持ち上がり、その交渉団の一員として抜擢される。実際は一番の若手であり、実質「カバン持ち」としての同行であったが、「長銀の役に立つ」ことを望んでいた廣瀬にとってはとても嬉しかった。

しかし、その交渉の現場で廣瀬は衝撃的な現実を目の当たりにする。相手側は欧米の非常に論理的な「理の経営」で交渉してくるのに対して、長銀は日本企業にありがちだった情緒的、いわゆる「情の経営」で対峙してしまっていた。徹頭徹尾、正直に話をすれば、相手は長銀のことを認めてくれるはずというスタンスで交渉に臨んでいたのである。

欧米での生活が長かった廣瀬にとってみれば相手先の「理の経営」に基づく交渉術は当然のことで、自分たちも同じようにやるべきと思っていた。しかし、一番若い「カバン持ち」に発言の機会などなく、日本側はずっと情緒的な交渉を続けてしまい、結果として長銀にとって不利益を被る条件を飲まされてしまった。自分が役に立ちたい長銀、ひいては日本の銀行と欧米の銀行との差が明らかになってしまったのである。

大きなショックを受けたものの、それでへこたれる廣瀬ではない。帰国後、すぐにその交渉の過程で知った財務分析・リスク管理の手法を使って、自分なりに長銀の分析をしてみると、長銀にとってあまりにも悪い結果が出てしまった。まさかそんな結果になるとは思ってもみなかったため、慌てた廣瀬は慎重にその結果をレビューした上で担当の取締役のところに持っていった。

しかし、その取締役は「そんな机上の数値なんて意味がない」と言って全く取り合ってくれなかった。それまでの銀行が歩んできた、国が主導して業界全体が足並みを合わせた経営を行っていた環境では、欧米型の財務分析などは意味が小さかったのは確かである。しかし、その当時の廣瀬にとって、欧米との差をより一層痛感する出来事であったことには間違いなかった。

二度までもショックを受けた廣瀬。それでもへこたれない。次なる行動に打って出る。「金融機関におけるリスクマネジメント（危機管理の方法）のグローバル・スタンダードを学ぶ」という企画を立案した。インタビュー先はＪＰモルガン、シティバンク、バンカーズトラスト、チェース・マンハッタンなど錚々《そうそう》たる金融機関である。上司には「この企画を通じて、長銀のリスクマネジメントを強くしたい」と言って企画書を渡した。上司は大賛成し、すぐに長銀のニューヨーク支店長などを通じて手配を始め、思ってもみない速さで実現させてしまう。

廣瀬は、実際にインタビューをする中で、グローバル・スタンダードの経営を学ぶことができた。そこでわかったのは、長銀、あるいは邦銀全体のレベルをグローバル・スタンダードが大きく上回っているということであった。少なからず経営に近い仕事をしていたものの、まだ全体をわかっているわけではなく、もしかすると長銀を過小評価していたのかもしれない。しかし、もしそうだったとしても、埋めがたいほどの差があることは当時の廣瀬にもわかったのだ。

これらの三つの出来事を通じて、廣瀬は、欧米の金融機関との格差を嫌というほど思い知らされた。

廣瀬はこの出張の帰りの機中で考えた。

「規制に守られている日本の金融市場の中にいる間はどうにかなるものの、規制緩和が進んで、欧米の金融機関が本格的に参入してきたら、長銀に限らず日本の金融機関全部が完全に競争に負けてしまう。そうならないためにも、『日本における、日本人による、日本のための正しい経営ができる金融機関を創り出す』ことで日本をより良くしていきたい」

ここでいう「正しい経営」とは、廣瀬曰く「ファクト（事実）&ロジック（論理）」で実践される経営のことである。現実として起こっている「事実」と、それに基づく「論理的な判断」により営まれる経営のことであり、これは廣瀬が今日まで、そしてこれからも目指し続けている経営の姿である。

「正しい経営ができる金融機関を創り出すことで日本をより良くしたい」という新たな目標に気がついた廣瀬だが、そのハードルの高さももちろんわかっていた。廣瀬は考えた。「日本の金融機関を変えようと思っても長銀の総合企画部長になることすら、まだ二〇年近くが必要だ。それに同期が一二〇名で、企画部長のポジションに就けるのが、二年次に一人程度と考えれば二四〇分の一の確率であり、強烈な狭き門だ」。一方で、当時の長銀の経営戦略は総合企画部が作っているようで、実は著名な米国系の戦略コンサルティング会社（以下A社）が作っていたことも廣瀬は知っていた。そこで廣瀬はこのような結論にたどり着く。「内から変えるのが難しいのなら、外から変えてもいいのではないか。このA社に行けば長銀はもとより、日本の金融機関を変えていけるかもしれない」。これらはすべて飛行機の中で自問自答したことであり、一九九七年冬の出来事であった。

二周目のサイクル〈日本のための正しい経営ができる金融機関を創り出す　前半〉

帰国した廣瀬は、早速機中で自問自答してたどり着いた結論を実行に移すべく、A社に中途採用の申し込みをした。他にも戦略コンサルティング会社の面接を受けたが、当時一番金融業界に強いのは、A社であった。結果として、A社からのオファーを獲得する。長銀からの引き止めも少なからずあったものの、尊敬する先輩が言っていた「銀行業界に長くいると、なかなか外の世界には出にくくなる」という一言が、廣瀬の背中を押してくれる。最終的には、望みどおり退社がかなうこととなった。

一九九八年七月、廣瀬はA社に入社した。非常に能力の高いメンバーに囲まれてプロジェクトを進めていく中で、自分にスキルが身につく、そして成長できる、そういうことが楽しくてしかたがなかったと言う。

入社して二カ月後の九月に長銀が破綻、公的管理下に置かれることになった。それから約二年間、ファンドに売却され、新生銀行として再出発するまでの過程において、自分ではプロジェクトに携わることはなかったものの、その光景を見続けた。「どんどん人が抜けていき、銀行自体もバラバラにされて、大好きな長銀ではなくなっていってしまった」と廣瀬は振り返る。

一方で、長銀だけではなく日本の金融機関が非常に厳しい状況に追い込まれていたこの時代、これまでの経験を活かし、他の金融機関の案件にも数多くアサインされていた廣瀬の心の中には「日本における、日本人による、日本のための正しい経営ができる金融機関を創り出したい」という思いが強くなった。

廣瀬は、この志を抱えつつも、コンサルタントとして金融機関以外の業種からの案件にも多く携わった。むしろ、携わらざるを得なかったとも言える。一九九〇年代後半から続いた再編が一段落し、金融機関からの案件自体が減っていたのである。そうすると他の業種からの案件を手がけるしかなくなる。金融機関からの案件が来たとしても、以前のように全社戦略のような大きいテーマではなく、オペレーション改善によるコスト削減などの案件が多くなってきていた。

もちろん、実直な廣瀬は、自らの志に直接的には関係しない案件であっても、全力で対応し、パフォーマンスを出し続けていた。一方で、強烈に知的水準の高い仲間たちの中で戦略コンサルタントとしての自らの能力の限界にも認識を持ち始めていたが、特にファームを辞めることは考えず、日々を過ごしていた。

そんな中、ある転機が訪れる。二〇〇三年一月下旬、突然世界的金融グループであるＡＩＧ傘下のＡＩＵ保険会社（以下、ＡＩＵ）の専務から電話があった。以前依頼されたプロジェクトのリーダーを務めた会社である。プロジェクトの依頼だと思い、ＡＩＵを訪れると出てきた社長がこう聞いてきた。「君にやってもらったあのプロジェクトの最終レポートだが、これは成功すると思うか？」。廣瀬は間髪いれずにこう応える。「それはもちろんですよ。私が太鼓判を押します」。そこで先方から出てきた言葉は予想とは全く違ったものであった。「じゃあ、あなたがやってくれませんか」。それは、経営企画の担当としてのオファーであった。

実を言うと、廣瀬にもＡＩＵのプロジェクトには引っかかるところがあった。担当していたプロジェクトの終盤に感じた「もっと掘れば何か変革のフックになることが出てきそうな気がする。何かあるぞ」という何かに触れてしまったような違和感。それが気になっていたのである。しかし、依頼されたプロジェクトは終了してしまったので、気になってもどうすることもできなかったのだ。そんな会社からの突然のオファー。廣瀬は、しばらく思考を巡らせた後、迷うことなくその話に乗ることにした。

外資とはいえ、戦後間もない頃から日本で営業し、実質的に日本の金融機関となっているＡＩＵであれば、自分の志である「日本における、日本人による、日本のための正しい経営ができる金融機関を創り出したい」を体現できるのではないかと思ったのだ。

廣瀬は、二〇〇三年五月にＡＩＵ保険会社に経営企画部長として入社した。数年前に自分が中心となって策定したものの、その後実行が滞っていた全社戦略、その実行に向けての新たな挑戦が始まった。戦略自体はよくわかっているものの、それを実行するとなるとまた難しさは変わってくる。たとえば、営業の現場に行けば「コンサルタント上がりの若造に何がわかるのだ」と言われ、話を聞いてさえもらえないこともしばしばであった。

その他にも、アメリカ本国の役員からは「あなたの部下が私の言うことを聞かないので辞めさせろ」という理不尽な指示が飛んできたりする。「ファクト＆ロジック」と共に廣瀬がよく使う言葉である「情と理のバランス」。完全に「理」だけだと物事はうまくいかない。うまくいかせるためには「情」が不可欠だということを、この時代にいやと言うほど思い知ることになる。このような思いを胸に、次から次へと出てくる課題を解決しつつ、戦略の実行、そして自分の志実現へと前進していったのである。

二周目のサイクル〈日本のための正しい経営ができる金融機関を創り出す　後半〉

ＡＩＵで奮闘している中、廣瀬にある変化が訪れる。廣瀬は語る。「ある時までは、『自分のキャリアは自分で作る』と言ってきたし、実際にそうしてきた。今思うと『利己』的だったのだと思う。しかし、ある時それまでの自分のやってきたことを振り返ってみたら、自分だけでは何もできない、自分だけでできることとの限界というものに気がついた」

「人を育てることがその企業を、ひいては日本をより良くする。そこから視点が自分ではなく他の人に向いた。『利他』的になったのだと思う。そうすると不思議なものでいろんな人が自分を信頼してくれるようになった」と廣瀬は語る。その後、そのことが直接的に影響したのかはわからないが、廣瀬はＡＩＵの執行役員に昇格、自分の志に向けて着実に歩みを進めていた。

順風満帆に見えた廣瀬だが、常に順調だったわけではない。当初策定した経営戦略を着実に推進していき、結果は出ていたのだが、その揺り戻しもあった。

たとえば、組織の運営効率を高めるために明確に業務範囲を規定した副作用で、数年経過したら組織間に壁ができてしまった。

その過程で廣瀬が痛感したことは視点の違いである。戦略コンサルティングでは、比較的短期的な経営課題の改善を目的とすることが多いため、短期的な視点に過度に陥ってしまいがちである。一方で企業活動は永遠に続くということを前提とする事業会社の経営者は、短期的な視点はもちろん、長期的な視点も併せ持っていないと、後々に自分の首を絞めることになる。そのようなことを、身をもって知ることになった。


揺り戻しの解消に奔走していた廣瀬だったが、二〇〇九年七月に教授を務めるグロービス経営大学院の教授が集まる会でスピーチする順番が巡ってきた。その準備をする中で、これまで自分が実践してきた「正しい経営」について整理していた。廣瀬はそこで気づく。「これまで『日本における、日本人による、日本のための正しい経営ができる金融機関を創り出す』ことを目指してやってきた。しかし、振り返ってみると自分が正しい経営を実践しようとしていたのは、それがたまたま金融機関であっただけで、実は正しい経営ができる企業を創り出したかったのだ」

廣瀬の志がわずかではあるが変化した。「日本における、日本人による、日本のための正しい経営ができる企業を創り出す」。基礎となる考えは変わらないものの、その対象が大きく広がった。

三周目のサイクル〈日本のための正しい経営ができる企業を創り出す〉

今回は、新しい志が見つかったからといって、すぐに何かアクションを起こしたわけではない。金融機関から一般企業へと対象は広がったものの、金融機関も企業の一つであるし、すでに志の途上にいることは変わりない。しかも、自分が実施した改革の揺り戻しの解消をしなくてはならない状況であったため、まずはそこに向けて奔走する日々を送った。

揺り戻しの解消が一段落した二〇一〇年一月。大阪から帰京する新幹線に乗ったときの出来事である。偶然にも知り合いのヘッドハンターと同席になり、大阪から東京までの二時間半をいろいろと話をしながら帰ることになった。その際にベルシステム24のことを知らされる。

ベルシステム24（以下ベル）は、国内最大手のコールセンター企業である。コールセンターとは、企業の顧客に対する電話窓口であり、その業務を受託する専門業者の一つがベルである。もちろんＡＩＵでオペレーション改善を担当していた際に、他社ではあるもののコールセンター企業を使っていたので最大手企業であるベルは知っていた。ただ、過去に経営権の争いや不祥事などにより、せっかくの強い現場力が最大限に活かされていない企業であるとの印象もあった。よく話を聞くと、そのヘッドハンターは、同社の株を保有するファンドから頼まれてベルのマネジメント層を探しているらしい。自分が正しい経営を実践したい場が金融機関に限らないことに気づいていた廣瀬は、これも何かの縁だと思い、ベルのＣＥＯ就任が予定されていた斉藤尚史に会ってみることにした。

斉藤氏は日本興業銀行、日本GE（ゼネラル・エレクトリック）に勤務後、数社の社長・役員を歴任したのち、二〇一〇年七月にベルのCEOとして入社している。三月中旬、廣瀬は斉藤氏と面談をする。ベルの経営の方向性や経営に対する考え方などを話していくうちに、目指している経営の方向性、価値観が非常に近いことがわかってきたため、このCEOがいるベルであれば「日本における、日本人による、日本のための正しい経営ができる企業」に変えていけることを確信し、移籍を決意する。そうとわかれば行動が早い廣瀬のこと、すぐにAIUの退社手続きを進め、二〇一〇年五月に常務執行役としてベルに入社し、別の場所での志への歩みを始めることになる。

最後に

廣瀬はインタビューの最後にこのように話していた。「日本という国を非常に意識してきたが、最近は日本に限らなくてもいいかもしれないと思うようになった。企業として提供するものや、育て上げた人材によって世の中がより良くなれば、それでいいのかもしれない」

廣瀬の志の醸成プロセスは、五つのフェーズを経ながら何度も回転している点に特徴があったが、もしかすると、彼の志は、かつて金融機関から企業全体に大きくなったように、日本から世界へと大きくなっている過程なのかもしれない。ただし、根底にあるのが「正しい経営によって世の中をより良くすること」であることは、変わらない。

志のサイクルのまとめ

廣瀬の志がこれまでにたどってきた過程を、志のサイクルの五つのフェーズに当てはめて、整理してみよう。

新たな目標の設定……より良い日本にすることに貢献するため、大学卒業後長銀に入行。長銀の役に立つことを目標として働き始める。

達成への取り組み……長銀の役に立つべくＭＢＡ留学をはじめとして様々な活動、努力をする。

取り組みの終焉……長銀の経営のやり方が欧米の金融機関に遅れていることを認識し、長銀の限界を感じ始める。

客観視……さらに欧米の経営のやり方を実際にインタビューしたことで、長銀の、そして日本の金融機関の経営が決定的に遅れていることを痛感する。

自問自答……どうしたら長銀の、日本の金融機関の経営を良くできるのかを考える。

新たな目標の設定……「日本のための正しい経営ができる金融機関を創り出す」ことを決める。

達成への取り組み……戦略コンサルティング会社において金融機関に対する支援を行う。また、ＡＩＵの役員として実際に経営に携わる。

取り組みの終焉……終焉は迎えずに、偶然の機会で客観視へ。

客観視……大学院の教員としてのスピーチの準備で、これまでやってきたことを整理する。

自問自答……自分がやってきたことは金融機関に限らず、企業の経営すべてに当てはまることに気がつく。

新たな目標の設定……金融機関に限らず「日本のための正しい経営ができる企業を創り出す」という、より広い範囲へと昇華する。

達成への取り組み……ＡＩＵの経営改革を推進する。その後、事業会社であるベルシステム24の再成長に取り組む。

事例4

社会性、自律性両軸における志の成長

元ナノフォトン株式会社　代表取締役社長

中原林人氏

プロフィール

一九六二年中国安徽省《あんきしょう》生まれ。父は大学の先生で、二人兄弟の長男として育つ。杭州《こうしゅう》の浙江《せっこう》大学へ入学（工学部熱物理専攻・工学修士）。一九八五年岐阜大学大学院工学系研究科へ文部省（当時）国費留学研究生として来日。一九九一年東京大学大学院工学系研究科航空学専攻博士課程修了（工学博士）。

一九九一年、ＪＡＸＡ（宇宙航空研究開発機構）入所。

一九九四年株式会社ノーリツ入社。二〇〇六年同社に勤務しながらグロービス経営大学院に通学を開始。二〇〇八年三月に卒業。

二〇〇八年一〇月ナノテクベンチャー企業であるナノフォトン株式会社の代表取締役社長に就任。「世界トップ企業を目指す」を合言葉に、全世界の研究所や企業に最先端の理科学機器を提供することを目指す。

趣味は博物館や美術館巡り。座右の銘は「千里の道も一歩から」。

このケースの意味合い

志のサイクルが回り成長する道筋には様々なパターンがある。中原は、日本の大学で学位を取得し、日本の企業に勤務し、そして現在日本の大学発ベンチャー企業で社長となる中で、社会性と自律性の二つを同時並行的に、バランスをとりながら成長させている。そんな志の成長の一パターンを見ていくことにする。

ケース

幼少期〜大学時代（中国）

中国の東南部、揚子江の下流に位置している安徽省で中原は生まれた。安徽省は人口約六六〇〇万人、三分の二の地域を山地や丘陵が占め、お茶の名産地として知られるところである。世界自然文化遺産「黄山」があり、観光客も訪れる自然豊かな土地だが、一六〇年代以降、上海などの沿岸部から多くの軍需、電子工業が移転してきた。今でこそ日本の企業が進出し、産業も発展しているが、当時の安徽省はまだ産業技術や研究機関などが発展途中であった。

中原は、学生時代、世界的に見ても大きな歴史上の出来事である文化大革命の終焉を経験した。一九六六年より一〇年間続いた文化大革命は、権力争いを背景とした政治闘争である。思想統制や暴行などが行われ、学校においては生徒が校長を追放し、授業は行われず、労働が奨励されたため、この時期に学生をしていた者は高等教育を受ける機会を奪われた者が多かった。

しかし、その後、毛沢東時代が終わり、文化大革命時代に追放されていた鄧小平《とうしょうへい》が実権を握るようになる。文化大革命の終了が正式に宣言され、混乱を収める政策の一環として、科学技術と教育の再建への取り組みがなされ、大学統一入学試験も復活した。国全体がこれからは科学技術の時代だという雰囲気に変わっていったことを中原は感じ取っていた。

そうした時代背景もあり、中学校まではしっかりと勉強できる環境ではなかったため、国策として急に勉強を推進するようになっても、当然ながらほとんどの学生は、すぐに良い成績を出せるわけではなかった。そのような状況の中で、中原は数学の才能に秀でていた。「数学だけは少し勉強すればすぐに成績が良くなり、それが面白くてまた勉強をした」。このような好循環を繰り返しているうちに数学に関しては常にトップの成績を収めるようになった。数学に関しては誰にも負けないという自信を持てるようになり、参加した数学オリンピックにおいて、省の中でも上位入賞を果たしたことが、中原の自信を確固たるものにしていった。

一九七九年、浙江省の浙江大学に進学した。浙江大学は中国で最も歴史があり、主要な研究機関と位置づけられていた総合大学の一つである。その後の目標となる研究者になりたいという思いが大学入学時にあったわけではなく、ただ良い大学に入りたいという気持ちで大学を選んでいた。実際、浙江大学に決めた理由は、情報があまりない中で、大学の先生をしていた父親から、古くて有名な大学と薦められたからである。

高校で優秀な成績を収めた学生が、まだ明確ではないが将来の夢を持って進路を考える。有名な大学に入ることがその夢を叶えるための方法であると考え、家族や親戚、学校の先生などからもそのようなアドバイスを受ける。このあたりは一般的な日本の進路選択とよく似ている。

研究者になるという思いが明確になっていったのは大学に入学してからのことだった。「大学、大学院へと進むにつれて、だんだん研究者になるのだという気持ちが強くなった。成績優秀な人は研究者になるものだと思っていたので、自分は一流の研究者になりたかった。研究者になるという価値観がこの頃自分自身に作られていった」

当時の中国社会は、経済発展の時代に変わろうと科学技術が重視されるようになっていた。また、一九七九年の四年制大学への受験生が四七〇万人であったのに対して、入学できたのはわずか二八万人程度であった。そのため、大学生の勉強意欲は非常に高かった。社会全体の流れと大学在学中に培った価値観が重なり合って、中原は研究者を目指すこととなる。

研究者を目指すまで

大学で工学部の修士課程を終え、研究者へのキャリアアップとして博士学位の取得を考えた。それは研究者になるための当然の選択だったのである。

しかし、当時中国の大学院の研究レベルは海外と比較してかなり低く、先進的な設備の必要な研究は特にそうであった。純粋な理論よりも産業に直結する工学の博士学位を取得するために、留学の準備を始めた。そんな折に大学の先生のつながりから日本の文部省（当時）の奨学金の話を耳にする。日本語の五十音も読めなかった中原は、日本に留学するべきか悩んだが、「もう一つ外国語を勉強できる」という楽観的な考えで最終的に日本行きを決めた。数学オリンピックで入賞した経験と、勉強はやればできるという実体験が、普通の人なら躊躇《ちゅうちょ》する選択を取らせることにつながった。

国費留学研究生として岐阜大学で学んだ後、岐阜大学には博士課程がなかったこともあり、東京大学の博士課程に進んだ。東京大学では、航空学を中心に学び、日夜研究を続けた。来る日も来る日も、博士学位のため、研究者になるための研究に明け暮れていた。

そんな日々を過ごし、卒業が近づいてきたある時、「これから自分は何をすればいいんだろう」と考えるようになる。博士学位を取得することがすべてだったため、東京大学卒業後は研究者になることは当然のことと考えたが、特にライフワークとなるような研究課題は持っていなかったのである。

研究目標などがあいまいなまま、東京大学の研究室の先輩がいたＪＡＸＡへ入所した。ＪＡＸＡへの入所は、自ら熱望した進路というよりも、航空宇宙産業につながる仕事ができそうということと、同じ研究室出身の先輩がいたからという理由が大きい。目標であった博士学位を取得できたので、その時中国に戻るという選択肢もあった。しかし、中国のいろいろな研究機関を調査し、中国科学院の研究所など現地見学もしたが、それまでに得られた知識と研究の経験を生かせるような研究環境（設備やレベルなど）はなかった。

「今帰っても研究者として満足のいく研究が続けられない。母国に帰って自分に嘘をつきながら研究者として生きていくのか、それとも親族もいない異国の地で残りの人生のほとんどの時間を費やして満足できる研究を続けるのか」

中原は当時いろいろと悩んだと言う。悩んだ結果、研究の環境（設備と予算）の優れた日本のＪＡＸＡを選択したのだ。一流の研究者になるために最適な方法を考え、自分の思いに従って日本の研究機関で働くという選択をしたのである。

一周目のサイクル〈研究者から技術者へ〉

念願の博士学位を取り、晴れて研究者になった中原はＪＡＸＡで与えられた基礎研究の仕事に没頭した。しかし、ＪＡＸＡに入所後、徐々に気持ちが変化していくことに気づいた。一つは所内の定年間際のある研究所員の姿であった。彼は自分が思い描いていたような研究者の姿とは違っていた。もちろん定年が近い研究者でも様々な働き方の人がいたのであろうが、少なくとも中原が見たその研究所員は、研究に情熱を燃やしているという姿ではなかった。六〇歳になったら自分も研究に没頭しなくなるのだろうかと考えると、なんとも言えない虚しい気持ちになった。自分はこういう人生を送りたかったのだろうかと疑問を感じ始めた。

また、どの世界でもあり得る話であるが、基礎的な研究は具体的な成果となって何かにすぐに活かせるわけではなかったため、自分のやっている仕事の意味がわからなくなっていった。学生の頃は勉強に熱中して頑張って、必ず良い成績を残す、学位を取得するなど結果を出してきた。しかし研究が目に見える具体的な成果にならない状態で、自分は生き続けることができるだろうか。これまでずっと研究者になるために勉強をしてきたが、果たしてこのままで良いのだろうかと将来が見えなくなっていった。

自分は本当にただ研究をすることが好きなのだろうか、博士となった今、次の目標は何なのだろうか。何かに使える、社会の役に立つことがあるのだろうかと考えた。浙江大学時代の同級生には中国で起業をして世の中の役に立っている者もいた。自分は直接社会の役に立つ仕事ができているだろうかと自分の人生を見直した。

研究者になるという思いから、今まで一直線に研究者になることを志していた。研究者になるまでは、博士課程を終えて一生を研究者で過ごせばいいと思っていた。しかし、いざ研究者になってみると、全力を尽くす場所を見つけることはできなかった。職場以外の友人とサークルを作り、将来について相談するという自分探しの期間が一年ほどあった。自問自答を繰り返し、自分にとっては何が生きがいになるのかを、胃潰瘍になるぐらいまで考えた。しかし考えただけでは答えは出てこなかった。

研究者として先が見えなくなり、自分の進むべき道を探し始めていた中原に転機が訪れる。その当時、東大の名誉教授だった先生が株式会社ノーリツで基礎研究所の所長になっていて、この研究所に転職する機会を得た。先生は無重力における燃焼という分野の研究でかつての世界第一人者であった。

これまで経験のない民間企業で働くことへの不安はあった。自分の親や親族を含めて民間の企業で働いている者が誰もいなかったことも一層中原を不安にさせた。しかしそれよりも、この会社に入ったほうが、自分の取り組んだ研究がすぐにどこかに使われるのではないか、これまで研究していた燃焼という研究も給湯器の技術に使えるのではないかと前向きに考えることができた。ＪＡＸＡに入所して以来自問自答していた「何かに役立つ」ということが、自分を満足させるのではないかと考え、転職することを決めた。

ノーリツに入社して間もない頃、中原の意識を覚醒させる出来事が起きる。会社の中で今後の主力新製品の名前募集コンテストがあり、中原も応募した。全社で多くの応募があったコンテストで、中原の案が見事に採用されたのだ。最も数が出るその新商品に自分が考えた名前がつき、どこに行ってもその名前を目にした。自分の中での満足感と共に、会社のそしてユーザーの役に立っているという感覚を肌で感じることができたのである。名づけだけだったが、自分のしたことが目に見えて具体的な成果になることが嬉しかった。これを契機に、中原は新製品開発や新規事業など、自分自身の目で結果が見え、実際に会社や生活者に役に立つことに取り組むようになっていった。中原が研究者から技術者に変わった瞬間である。

技術者として「何かに役立つ」ことを新たな目標とするきっかけとなったもう一つの出来事として、異動によってやってきた基礎研究所の所長との出会いがあった。製品を開発しているわけではなく、販売と直結していない部門である基礎研究所は、不景気の中で社内での風当たりが強くなっていった。論文ばかり出している基礎研究所をこのままにしておいていいのかという声が大きくなっていた。

そのような状況の中で、所長は基礎研究所内で、製品につながる研究を進める推進役を果たしたのである。所長は以前、製品開発の現場で活躍していた技術者であり、経験上どういった研究が製品化につながるのかをよく知っていた。中原がやっている研究についても、引き続きテーマとして製品化に取り組む研究、ある程度見切りをつけて中止する研究などを整理して方向性を与えてくれた。

入社以来、中原の研究活動はなかなか商品にまでつながらず、気持ちだけが先行する状態であったが、この所長とのやり取りの中で、ようやく製品化までの道筋が見えるプロジェクトに出合うことができた。「技術者としての考え方を学ぶことができたこと、製品化につながる研究の見極め方法や製品を生み出すことの喜びを与えてくれたことなど、所長の存在は僕にとっては大きかった」と中原は当時を振り返る。新たな目標が明確となった中原は、困難な状況になっても達成に向けて邁進した。

しかし、中原はまたもや大きな壁にぶち当たることになる。製品にできると確信した研究成果を、実際に製品を開発する部署へと持っていったのだが、想定もしていないような様々な問題点を指摘され、なかなか製品化に至らなかったのである。しかし、やっとめぐりあった製品化の可能性があるプロジェクトである。役に立つ製品を世に出すためには、目の前の障害をどうにかして乗り越えていかなければならないと思い、自分の研究を受け入れてもらうための方法を徹底的に考え、実行に移した。

様々な指摘があったが、そこから逃げずにすべての指摘に一つひとつ応えていった。東京の研究所から関西の開発現場へ一時期毎月のように足を運んで、商品技術開発チームと気持ちを通わせるよう常に努力した。計測器が異なるために測定値が違うという指摘には、信用を得るために同じ計測器を関西から東京へ何十万円もかけて送ってもらったこともあった。考え得るありとあらゆる努力をしたのである。

商品技術者としての筋が見えて認められるまではかなり長い時間が必要であったが、中原は同僚と一緒に粘り強く取り組んだ。普通なら途中で投げ出してしまうような状況でも、「役に立つものを生み出す」技術者として生きていくという思いを持っていたため、長い時間をかけて粘り強く賛同者を得る取り組みができたのだ。

このプロセスを通して、一つの技術から商品が顧客の手に渡るまでの長い道のりには開発現場の声をもとにした研究が必要であり、同時に、研究部門の成果を商品開発部門に理解して動いてもらうためには一緒に努力することが信頼を得るのに重要だと考え方が変わっていった。

二周目のサイクル〈技術者から経営者へ 前半〉

製品開発をしていることに中原はワクワクしていた。この時期会社は、新しい収益基盤を築くために新規事業を模索しており、新製品の開発にやりがいを感じていた中原にしてみれば、まさに会社が求めているものと自分のやりたいことが一致していたのである。

中原は、休憩時間や休日を返上し、がむしゃらに仕事をした。製品開発に加え、新規事業の提案などにも時間を割くようにした。いくつかの提案を行い、そのうちの一つは社長へのプレゼンまではいったのだが、事業化に踏み切るという判断はされなかった。なぜなのか。それが当時の中原にはわからなかった。

一般に売られている事業計画策定の本を読みながら新規事業の計画書を作成するが、どうもうまくいかない。しかし、今まで、自ら考え、自ら問題をクリアしてきた中原である。今回も徹底的に考え、自分の書いている計画書の欠点に気がついた。その欠点とは、顧客の視点が全く欠如していることであった。どのような市場に、どのようなニーズがあるのか、誰をターゲットにすればよいのか、顧客について考えを深めることができていなかったのである。

加えて、どのような方法で売るのか、いくらで売るのが適切なのか、自分なりの解を持つことができなかった。一つの技術から製品を生み出すことはできても、その製品から利益を生み出す経営に何が必要であるかを考えることができていなかったのだ。自分に経営知識と経験が備わっていないことに気がついたのである。つまり、研究したものを製品につなげることはできるが、その先の顧客への販売やマーケティング、アフターサービスや得た利益をどのように次の投資につなげるかなど、会社全体がどういう仕組みで成り立っているのかを理解できていなかったのだ。また、近い将来の収益を取りにいくのか、長いスパンで事業を育成するのかなど、時間軸という視点も自分自身にはないことに気がついた。


もう一つ、会社組織そのものに対する理解が不足していることにも気がついた。事業案の審査が進んでいくにつれて、他の部門から想定外のコメントが付くことがあった。大きな企業ではそれぞれの部署にそれぞれの立場や役割があり、それらを調整することが非常に難しい。これらは、技術者という立場に居続けていては、なかなか理解すること、解決することのできない課題であると感じた。

中原は、もっと大きな視野で会社を見ることができるようになりたい、社会全体がどのような仕組みで成り立っているのか知り、自分に足りない実践的な経営ノウハウを身につけたいと考えるようになり、会社の経営塾に参加して、修了の時、塾の責任者の勧めでグロービス経営大学院に通い経営の知識を学び始めた。忙しく仕事をする中、勉強に時間を割くことや、お金がかかることの不安よりも、自分に足りないものを得ることができるという期待が大きく、家族も中原の思いを支持してくれた。

中原は経営大学院での学びは本当に大きいものであったと語る。「特に、企業家リーダーシップは印象的でした。現代の経営者や、歴史上の変革者を題材に、自分が創造と変革の立場に立った時に、何を考え、どう行動するかを徹底的に考えました。最終回には、自身の志を受講生全員の前で発表するのですが、それを考えるのには本当に沢山時間をかけたし、悩みました。おそらく学生は皆そうだったと思います」。中原はその中で「科学者から技術者、そして経営者となる」という志を立てた。

このときの心境を中原は「志（ここで言う志とは大学院の中で用いられている『世の中のために壮大なことを成し遂げること』を意味する。以下※を付けたものは同義）を立てた時は、経営者になることなど本気で信じていなかった。でも逆に、これまで全く経営者になるなどと考えていなかった自分が、経営者になることを考えているという事実が、次のステップにつながるきっかけだったのだと思います」と振り返っている。

まずは志（※）を言語化してみるということを、無理矢理にでもやってみたことで、それまで自覚していなかったことが急に実感できるようになり、可能性を信じてみようという気持ちになった。自分は本当に何がやりたいのか、それは自分にできることなのか、どのようにすれば実現するのだろうかと自問自答した。

すぐに答えの出る問いではなかったが、日に日に自問し続ける時間は長くなり、時には考えることから逃げ出したくなったり、目に見えない何かに押し潰されたりしそうになった。しかし、まさにこの志（※）と考えを深めた時間が、次のステップへと進む機会を与えてくれたのである。

二周目のサイクル〈技術者から経営者へ　後半〉

経営大学院を卒業して数カ月たった頃、大学院大阪校の責任者である村尾佳子よりメールを受け取った。それはナノフォトンという大学発のベンチャー企業に興味がないかという内容であった。

ナノフォトンの技術と経営に興味があった中原は、話を聞いてみることにした。そして教授である河田聡と面談をした後、三日後には社長になることを決断している。

代表取締役という重責を、たった三日で引き受けると決断した背景には、河田との経営や技術などに関する徹底的な議論があった。これまで経営をやってきていない中原に本当に経営ができるのかという問いには、自分がこれまで経験してきた実務の話や大学院での経営の学びを熱く語った。

世界レベルの技術を用いた製品をどうやって世界に販売していくのかを一緒になって考えた。短い時間ではあったが、お互いに遠慮なく意見をぶつけ合うことができた。初対面であるにもかかわらず、膝を突き合わせて言いたいことを言いあえた河田とナノフォトンの社風に共感を覚え、経営や技術を語り合ったことで、この会社で経営者をやるということを具体的にイメージできたのである。

さらに言うならば、実質的には大学院のクラスで志（※）を発表した時から、経営者になることを考え始め、自問自答を繰り返していた。そして考え続けていた自分への問いに対する回答を三日間で出したのである。

中原が、この大きな決断をすることができた背景として、普通の人なら感じるであろう失敗のリスクをあまり感じていなかったことが挙げられる。「鬼は見たことがないから怖いんです」と中原は言う。経営における失敗の理由は単純ではなく、どのような状態が悪いのか把握することができないと考えてしまうが、大きく分類するといくつかのパターンが存在する。

問題のある場所をきちんと把握できておらず、間違った解決策を打ち続けたために失敗をしたパターン、なぜ不調に陥っているのか考えることをせずに、うまくいかなくなったパターンなど、中原は失敗の事例を経営大学院でいくつも学んできた。いくつもいくつも事例を見ることによって、だんだんと鬼の姿を見極めることができてきた。姿が見えれば対処することができる。誰にでも宿るであろう恐怖感を、こうして克服していったのである。

三周目のサイクル〈経営者として世の中に役立つ技術を広める〉

自身の志に従って経営者となった中原は、まずは実績を作ること、そして業界の中でトップになることを目標にし、自分にもそして従業員にも、この目標を繰り返し言い聞かせている。これまで結果を出し続けてきた中原は、ここでもやはり結果を出すことに意識を集中させている。そして内面的には、少ない情報の中でも経営者としていつでもより適切な決断ができるよう自分自身を磨いているという。このあたりが技術者であった時と、経営者になった今の一番大きな違いであろう。

技術者として何かの役に立とうとする場合には、ある程度守られた中で、しかし制限された結果しか出せない現実があるが、経営者になれば組織から受ける制約が小さくなり、なんでも自分で決めることができるようになる。一方で、自分を守ってくれるものもなくなってしまう。技術者のときはあまり考えていなかった、社会との関わりについても意識するようになった。

「前職では何かの役に立ちたいという考えはありましたが、結局個人のキャリアを考えることが中心だったと思います。一社員のときには自分以外の周りの社員のことや、その家族の生活など考えられるはずもなかったのです。でも、経営者になると、社員の家族などへの責任も発生します。それを感じるのです。自分が失敗すれば自分一人だけ路頭に迷うのではなく、社員全員とその家族も路頭に迷わせることになります。会社を経営するということは社会の一部を創ることであり、社会に自分が直接つながってくることだと感じています」

そんな中原の今の理想は「日本を元気にすること」である。ベンチャーがもっと出てくれば日本は元気になると中原は考えている。日本で過ごして二五年。努力しても結果が出ないという今の日本の状況が中原には他人事とは思えない。世の中の役に立てることをするために、うずうずしているのだ。

最後に

中原の志の成長はまだ終わりではない。他人と同じことをやっていても意味がないので、世の中にない新しい技術で新しい市場を創っていくのだ。

そしてそれを成し遂げた後には、また新たな成長へのサイクルが始まるのだろう。研究者から技術者、技術者から経営者へと、自律性、社会性が広がっていった志がまた一段と広がっていくように。

中原の志がこれまでたどってきた過程を、志のサイクルの五つのフェーズに当てはめて、整理してみよう。

志のサイクルのまとめ

新たな目標の設定……自分の数学の力を活かして、研究者になる。
達成への取り組み……研究者になるべく、懸命に研究を行い東京大学で博士号を取得。その後、ＪＡＸＡに就職し研究活動に従事する。
取り組みの終焉……自分の研究が、直接的に何かの役に立ってはいないと感じる。
客観視……研究を続けているだけでは自分の求める結果が出ないことを感じる。
自問自答……自分にとって研究者になることが本当に生きがいであるか考える。自問自答のプロセスの最中に、ノーリツの基礎研究所の所長と出会う。
新たな目標の設定……ノーリツの基礎研究所の所長との出会いをきっかけに、研究者ではなく、技術者として何か世の中に直接的に役立つものを生み出すことを目標に設定する。
達成への取り組み……ノーリツで新規事業提案や商品開発を行う。
取り組みの終焉……技術だけでは事業化につながらないことを、社内の様々な機会から理解する。

客観視……………経営大学院に通い、会社や社会全体がどのような仕組みで動いているかを俯瞰的に考える。

自問自答…………経営大学院の授業や活動を通じて、自分が本当にやりたいことは何であるか考える。

新たな目標の設定……一技術者ではなく、社会に付加価値を提供する経営者として世の中に役立つ技術を広げるという目標を設定する。

達成への取り組み……大学院卒業後、大学発ベンチャーであるナノフォトン株式会社代表取締役社長に就任。現在、志の実践に向け、業務に取り組んでいる。

事例

5

徹底した能力開発・自律性向上後の志の社会性の高まり

元住友スリーエム株式会社　取締役　昆政彦氏

プロフィール

一九五九年東京生まれ。祖父は大学教授、父は教師という教育熱心な家庭で育つ。早稲田大学商学部卒業後、三菱電線工業株式会社にて社会人としてのキャリアをスタートする。

その後、ＧＥインターナショナルジャパンに転職し、ＧＥ米国本社勤務や、ＧＥ日本法人にてＣＦＯ（最高財務責任者）等を歴任し、ファーストリテイリング執行役員等を経て、住友スリーエム株式会社取締役。財務・情報システム・総務を担当する。シカゴ大学経営大学院修士課程修了（ＭＢＡ）、早稲田大学大学院アジア太平洋研究科博士後期課程修了（博士（学術））。ＣＰＡ（米国公認会計士）。グロービス経営大学院の専任教員も務める。

このケースの意味合い

インタビュー対象者の多くは、自律軸と社会軸が、同時進行的にバランスしながら志が成長していく様子が見て取れた。一方、昆の志の成長は、まずは徹底的に自分の能力と自律性を高め、その後急速に社会性が高まるという道筋となっている。自らが提供できる価値が高まった後に、その価値を提供する方向性が広く社会に向いていくという流れは、実は多くの人に当てはまるかもしれない。そんな志の成長の一パターンを見ていく。

ケース

昆の志とは

昆自身が自覚している志とは、「経営管理システムやツールを、企業が提供する社会価値向上に役立つものに変えること」である。昆は、この志に至るまでの長い期間、常に全力で目の前の仕事をやりながら、学びの場にも身を置き、自分の能力向上そして自律性を高めることにエネルギーを割いてきた。結果的に目標としていた企業経営の舵を取るポジションであるＣＦＯとなるが、自らの手で多くの人をリストラしなければならないという経験を経て、より良い企業を創ることを大きな目的として、現在の志を持つこととなる。

以下、順を追ってその成長過程を追っていくことにする。

幼少期〜大学時代

祖父は大学教授、父は教師という教育熱心な家庭で、昆は、いつも優秀な姉と比べられて育ってきた。姉は小学校から厳しい受験が必要な国立の附属に通っていたが、自分は公立の小学校に通っていることで周りから比較されることが幼心に辛かったと言う。なんとか姉に並びたいという思いで受験した早稲田大学高等学院にも不合格となり、公立の高等学校に通うことになった。大学は、姉が慶應義塾大学に合格したことから、「自分が目指す大学は慶應義塾大学に並ぶ早稲田大学以外にはなくなった」。この言葉にも表れているように、姉に並びたいと強く願う日々が続いた。

しかし、早稲田大学の受験では、数年間の浪人生活を経験することになる。「この辛い数年間の中、姉を見返したいという思いだけではモチベーションが続かなかったのです。いろいろ試行錯誤しましたが、中途半端なところで妥協するより、自分が納得できるように、早稲田大学に入学するだけでなく、卒業後の将来ありたい自分を思い描いて、自分を奮い立たせたことを今でも覚えています。浪人生活の中で、『将来の絵を描いて、今の自分を励ます』という思考を手に入れたように思います」と昆は当時を振り返る。

一周目のサイクル〈三菱電線の経理で一人前になる〉

昆は大学四年時の就職活動の際、「自分は浪人時代の数年間の遅れがあるが、ビジネスパーソンになるからには成功したい。成功とは会社の役員になることだ」と明確なイメージを持ったと言う。将来のありたい姿を描き、そのために必要なことを考えていくという昆らしい思考である。この目標を実現するために、昆は、早稲田大学のOBが役員になっている企業であり、現実的に役員になれそうな、適度な規模の企業を探した。その結果、三菱電線工業に就職することになる。

将来像を描き、現在とのギャップを埋めるという思考・行動パターンは、入社後の行動にもよく表れている。当時の三菱電線工業では、入社時に配属先を決めるのではなく、半年間、研修期間としていろいろな部署を経験させてから配属先を決めるという仕組みであった。

昆は、役員になれるのは、同期の中で一人だけ、それならば、自分がこの同期たちに勝てるのはどの分野だろうと考えた。周りを見渡すと営業向きのパワフルな同期、司法試験を目指していたという法務部志望の同期、大学で労務管理のゼミに入っていた人事部志望の同期などがいた。そこで「自分が同期に勝てそうだ」と思った経理部を、消去法的に志望した。

昆は、大学の商学部時代には会計には関心がなく、成績は「可」で、簿記の資格すら持っていなかった。しかし、一度会計の世界で生きていくと決めたからには、こんな状態では会社に認めてもらうことはできない。約半年間の研修期間の間、勤務後に簿記の学校に通った。また、研修期間に提出が義務付けられた一週間単位の週報には、必ず「経理希望」と書き続け、自分で希望するフィールドを自らつかみに行った。

半年後、希望通り経理部に配属となった。まずは経理の最低基準である自分が与えられた仕事を間違いなくこなすように努めたが、半年勉強しただけの知識では当然実践で使えるレベルには到達せず、経理で一〇年の経験のある先輩の仕事には勝てそうにもなかった。しかし、そのような状況でも、わからないことを覚えて、新しいことを聞いてまた覚えることで経理の仕事や会計そのものに喜びを覚えていた。五年経つ頃には、一人前に仕事ができるようになり、空席だった課長代理の仕事を任せられたことや、後輩もできたことでますます仕事が面白くなったという。

仕事を一通りできるようになった二九歳頃から、「会計の世界に入った後にどのようなパターンで自己実現するのがよいだろう」と周りを見渡すようになった。当時の三菱電線工業では、課長昇進や給料は横並びであり、何歳の時に課長昇進などと将来が見えてしまうため、刺激を感じられなかった。そのような会社の仕組みだったこともあり、残念ながら社内にはロールモデルとするべき人を見つけることができなかった。そこで昆は、社外にロールモデルを求めて、独立開業している税理士に話を聞きに行ったり、証券会社に勤めている大学時代の友人に話を聞いてみたりもした。しかし、どちらも当時の昆には魅力的に映らなかった。

昆は、「自分でないと務まらない、自分がいるからこれができる」という価値を出せる仕事をしたいと願った。そんな思いでもう一度社内を見渡してみると、三菱電線の経理には、真面目で簿記が得意な人はたくさんいたが、経理の分野で英語を使える人はほとんどいないことに気づいた。

当時、ある程度英語に自信を持っていた昆は、月に一回程度、外国人のお客様を工場にアテンドする仕事を進んで志願した。同僚が嫌がる英語での仕事を進んで引き受けたため、周りから感謝されることが多く、昆は「自分が価値を出せる仕事は英語を使うことだ」と思ったと言う。

そこで、会計の分野で英語を使ってする仕事にはどのようなものがあるかをいろいろと調べはじめた。気づいたことは、日本とアメリカの会計は大きく違うということだ。当時の日本企業では、経理はどちらかというと「帳簿屋さん」というイメージであったが、アメリカの会計はかなり経営に近いところで仕事ができることに気づいた。

「この分野ならもっと自分の価値が出せるはず」と、アメリカの会計を必死に勉強し始めた時に、偶然にも、ヘッドハンターからの誘いがあった。最初は、無料で外国人と英語で話すことができるよいチャンスと、軽い気持ちで面談をしていたような状況だったが、ある時GEインターナショナルジャパン（以下GE）という会社を紹介された。

当時、GE（ゼネラル・エレクトリック）はジャック・ウェルチがCEOになったばかりの頃で、日本ではあまり知られていなかった。昆もGEのことはほとんど知らなかったが、電力会社を顧客に持つ部署の人間からは、世界最先端の電力関連技術を持つGEは素晴らしい企業だと絶賛の声を聞いた。

終身雇用が当たり前の当時の日本企業とは違い、外資系ではリストラがあるのではないかという不安もあったが、面接で聞く刺激的な世界にどんどん惹かれていった。当時のGEは、G

Eキャピタル（金融系企業）躍進前であり、「外資系でも製造業中心で、リストラはあまりないはずだから大丈夫だろう」という知人からの助言もあって、面接を受け始めて一カ月後、GEへの転職を決めた。

二周目のサイクル〈GEでCFOになる〉

しかし、GEへ転職すると様々な面で全く違う世界に入ってしまったことに、昆は気がついた。まずは、会計への考え方が全く違った。「会計ツールを使えないとビジネスリーダーになれない」というくらい会計が重要だという考え方に支配されていた。裏返しになるが、会計ツールを使ってビジネスが理解できるようになれば、ビジネスリーダーになることは可能であるとも言えるため、昆のやる気に火がついた。また、頼れるのは自分しかいないということを思い知らされる出来事に直面した。

当時の三菱電線工業は典型的な日本の会社で家族的な組織体であったため、よほどのことがない限り、リストラされることはなかった。しかし、GE入社後に、東京大学出身の上司が、仕事で大きな失敗をしていないにもかかわらず、会社が求める結果を出せていないことを理由にリストラされるのを目の当たりにしたのだ。リストラ自体が衝撃だったが、それ以上に、周りの同僚はリストラされて当然という顔をしたことが、昆にとって大きな衝撃だった。早稲田大学の先輩でもあり、当時昆のメンターであった女性の先輩から冷静に言われた。「あなたも仕事ができないと同じことになるよ」

昆は、この出来事からこれまでのすべての価値観がひっくり返るほどの強烈な危機意識を持った。「どうやったら自分の能力を上げられるのだろう」と、覚悟のし直しをせざるを得なかった。刺激を求めての転職だったが、自分の甘さを痛感した。「自分は仕事ができるようになったか」と絶えず自分に問い続ける日が続いた。それほど昆にとって大きな出来事だったのだ。この経験から今日に至るまで、そればかりを考えてきたという。

このようにGEグループは完全なる実力主義であった。年齢や経験を問わず、目標を達成するとすぐ昇進できたし、すぐに給料が上がった。海外勤務のチャンスも与えられた。しかし、仕事ができなければすぐリストラ対象になってしまう。そんな世界であった。

昆は、英語についても振り返る。当時の昆の英語力はTOEICでいえば七八〇点程度で日本の会社であればできるほうであった。事実、三菱電線工業では上司からも同僚からも頼りにされて自信を持っていた。しかしGEグループではそのレベルでは全く通用しなかった。上司からは「お前の英語は欠陥だ。なんとかしないとリストラされるぞ」と言われ、英語についても強烈な危機意識を持った。ここから猛勉強を始め、一番多い年では年間一〇〇万円以上を英語習得のために自己投資した。この事実だけ見ても、当時の昆が危機意識を持って努力していたことがわかる。

前職時代とは何もかもが違うＧＥへの転職からしばらく経った頃、昆は三菱電線工業とは違う完全な実力主義のＧＥグループの中で、どのようなキャリアプランを持てばよいのだろうと周りを見渡した。ＧＥグループにおいては会計ツールを完璧に使えるようになれば、会計分野から経営上の大きな意思決定をしてビジネスを動かすことができる。その最高のポジションがＣＦＯ（最高財務責任者）であることを再認識した。

この時から、昆にとって「ＣＦＯになること」がビジネスパーソンとしての目標になった。ＣＦＯになるためにどうしたらよいかと考えるにあたって、社内でロールモデルを探した。そして、当時メディカル事業部の日本法人で次のＣＦＯと目されている日本人の三十代の人物の存在を知る。この人から話を聞くために、社内の打ち合わせや飲み会がある際に必ずコンタクトをとった。自分に足りないものは何かを特定し、そのギャップを埋めたいと思っての行動だった。このように積極的に動き、戦略的に人脈を作りにいった。

また、ＧＥの中には、ビジネスデベロップチームという、ビジネスの立ち上げを行うチームが存在していた。そこで働いている人たちは海外のＭＢＡ保持者、外資系経営コンサルティング・ファーム出身者などで、ＧＥの中でも人材の質が突出していた。米国ＧＥ本社のアメリカ人と侃々諤々《かんかんがくがく》の議論を英語でしている姿を見て、自分が思い描くありたい姿に重なった。

米国ペンシルベニア大学ウォートン校のＭＢＡを持つメンターからは「ＣＦＯになりたいなら、ＭＢＡを取るべきだ」と薦められた。このような状況で、将来的にＣＦＯを務めるレベルに到達するには、やはりアメリカに行かないと駄目だと昆は考えるようになった。仕事を一生懸命することに加えて、英語と米国会計を猛勉強した。それと同時に海外赴任の道を探し始めた。そんな時、自ら積極的に作った人脈の一人から、部門異動のオファーがあった。昆が所属していたGEインターナショナルジャパンから海外に行くチャンスはなく、事業部の日本法人からはアメリカに行くチャンスがあるため、昆は迷わず飛び込んだのだ。

何かを成し遂げたい、目標を達成したいと思う人は多くいる。しかし自ら戦略的に人脈を作ることや、飛び込んでいく人がどれだけいるだろう。自分がやりたいと思ったことについては自らチャンスをつかみにいくことの重要性を昆の行動は示している。

その日本法人で、昆は三年間、コスト削減プロジェクトで実績を上げた。実績に加えて、当時のGEでは、米国以外の地域の人が、米国で働くことを奨励されていたこともあって、三六歳で念願のアメリカのGE本社で働くチャンスを与えられることになった。

実力をつけたいと思い、日本で勉強を始めていたCPA（米国公認会計士）の資格も、米国赴任後すぐに取得することができた。会計分野でCPAを取得したのだから仕事でもっと活躍できるだろうと意気込んでいた昆だが、現実は違った。学んだ知識をフルに使って資料作成をし、担当部門に伝えたところ、「こんな資料は全く使えない」と現場サイドから激しい反発を何度も受けた。会計の知識だけでは仕事はうまく進められないということをこの体験から学ぶことになった。
仕事で必要なものは、知識よりも、人を動かす力、変化させる力、人をモチベートする力、交渉力であり、これらの力のほうが強く求められていたのだ。では、これらの力をつけるためには、どうしたらよいだろうか。周りを見渡すと、仕事で結果を出している優秀なGEグループの社員は、皆パートタイムでMBAを取得するために大学院へ学びに行っていた。会計分野に特化したCPAだけでは限界があると感じた昆は、会計以外の経営全般を学ぶMBA取得を考え始めた。

昆は、勤務先から車で通学できる距離で、同僚も何人も学びに行っていたシカゴ大学経営大学院への入学を考えた。努力して入試を受け合格を勝ち取ったが、無情にも日本への帰国指示が出てしまう。どうしてもMBAの勉強をしたいと考えていた昆は、無給でよいからアメリカで通学をさせて欲しいと上司に懇願した。

しかし、願いはかなわなかった。背景として、当時のGEはM&A（企業買収）で日本の会社を数多く買収しており、買収すると必ずGEグループから社長と会計のディレクターを送り込んで変革していくシステムだった。日本の会社にはなるべく日本人を送り込んでいたが、特に会計分野の人材は不足していたのだ。そんな背景もあって、昆への帰国指示は絶対であった。

もっと仕事ができるようになりたいと受験したMBAを諦められない昆は、シカゴ大学経営大学院から設立したばかりのシンガポール校での受講を勧められた。詳しく聞くと一カ月に一回、一週間日本からシンガポールへ行き、MBAの講義を集中して受講するというものである。日本のGEグループにおいては、会計分野の人材が不足していたため、昆には複数の事業部から声がかかった。その度にシンガポールへのMBA通学を認めて欲しいと願い出たが、要職である会計のディレクターが一カ月に一週間も会社を留守にすることは認められず、ほとんどの事業部から却下された。しかし、古巣の事業部の日本法人だけは、通学を了承してくれた。昆、三九歳の時だった。

こうして新しい仕事をしながら一カ月に一週間シンガポールへ行き、MBAの講義を受講する生活が始まった。シンガポールで受講して、日本に帰国して仕事をして、また受講する。こんなサイクルを一六回繰り返した。途中でシカゴやバルセロナに行くこともあった。そんなすさまじい生活だった。

「今思えばよくやったと思います」と昆は笑いながら語る。「CFOになりたいという目標が自分を支えたのだと思います」。もちろん通学しているからといって仕事がおろそかになって許されるような世界ではない。GEグループでは非常に高い目標を常に追い求めるようなシステムになっており、会社からいつも「どこまでできるか。あと一歩頑張れ」と言われ、また高い目標を追い求めることを奨励された。

このように厳しい環境で昆が頑張れた理由について、昆はこう語る。「CFOになりたいという確固とした目標があったことに加えて、業績目標を達成した時のGEグループからの報いが素晴らしかったことがあると思います（笑）。ポジション、報酬はどんどん上がりました。グローバルで五〇名しか選ばれない会計の世界選抜チームに入ることもできたのです。その一方でGEでは毎年下位一〇％の人は退出を余儀なくされるシステムでした。実際に上司がリストラされるのを見ていたので、リストラになる恐怖感は常に持っていましたよ」

トップ二〇％以内にならないといつかはリストラ対象になる。真ん中あたりでは、数年すると自然とリストラ対象になる。目標を達成するしかない。とても厳しい業績目標であったが、目標に応えれば応えるほど、昆が望んでいた自分の価値を出すことができる環境になる。「こんなに楽しいことはなかった」と昆は言う。

三周目のサイクル〈CFOで辛いリストラをやりきる〉

MBA通学中の四〇歳の時に、昆はついに所属していた日本法人でのCFOに就任する。実は、昆はGEグループでのキャリアを考えた時に、その日本法人のCFOこそが自分の社会人としてのゴールだろうと考えていた。CFOになるために厳しい目標に対して努力してきたし、英語、CPA、米国勤務、MBAと自分のスキルを上げるための能力開発も絶えず行ってきた。社会人人生の中で何としても達成したい目標だった。その目標をかなえることができた瞬間だった。

しかし、念願のＣＦＯになることができてバラ色の人生が待っていたかと言うとそうではなかった。最初は業績が伸びていたが、ＭＢＡを卒業した頃から、その事業部を取り巻く経営環境が大きく変化した。顧客である病院の収入は、国の決める保険点数に大きく左右される。たとえば、病院でＧＥが販売した製品を使った時に病院が得られる保険点数は国が決めており、保険点数が病院の収入に直結する。

このような制約条件がある環境下で、ＧＥが扱っている製品群を使う診療について、保険点数を急激に落とされてしまったのだ。病院がＧＥ製品を使っても収入が伸びないことから、病院市場は急激に縮小してしまい、競争も激化したのだ。この急激な変化に対して、ＧＥはビジネスの体制を従来のハード販売からサービスやＩＴの方向に一刻も早く変革しなければならないという状況に迫られた。明らかに業績が悪化し、尋常でない大規模なリストラをする必要に迫られた。

昆はＣＦＯとしてこのリストラ対策に直面した。もともと下位一〇パーセントの人は退出を余儀なくされるシステムの中で、加えて、通常であればパフォーマンスが良い部類に入る人たちまでリストラをしなければならなかった。ＣＦＯの昆は悩み苦しんだ。

一つは、リストラをしても、早期に新しいビジネスへと変革しきれないCFOとしての自分自身の能力不足へのフラストレーションであった。そしてもう一つは、「人間としてここまでひどいことをやっていいのか」という思いであった。GEにおいては赤字転落することは絶対に許されなかったため、CFOとしての立場でやりきらなければならなかったのである。

厳しい状況に直面すればするほど、昆の気持ちの中では、この仕事が終わったら自分はCFOの職を辞めなければならないと考えた。ここまでひどいことをしてここに残るべきではない。そんな気持ちが大きくなった。実際に一緒にこの仕事をやりきった役員仲間は会社を去っていった。

昆はこのように、自分が長年目標としてきた日本法人でのCFOとして満足な仕事をできなかった失意の中で、二年間でCFOの役割を終えた。

求めに求めてきた仕事であったにもかかわらず、昆には悔しい思いだけが残った。傍から見れば大リストラを断行した変革のCFOということで、上層部は評価するかもしれないが、自分自身は納得がいかなかった。

それまでは、GEグループの中で、利益を出して社会に還元することこそが最高の仕事と考えていた。しかし、このリストラの経験から、「社員やその家族を犠牲にしてまで会社の利益だけを追求することが、本当に企業としてあるべき姿なのだろうか」と思い悩んだ。ただ、GE

グループにおいて、この迷いを口にすることは、退職志願をすることと同じであり、一般的にも経営者としては許されない。そのため、絶対口には出さず、このGEのやり方が正しいのだと自分に言い聞かせようとした。しかし、迷いはずっとぬぐい切れなかった。

その後、GEグループのアジアパシフィックで勤務するが、日本をはじめアジアの業績の低下があり、不遇の時代が続いた。この頃から、ヘッドハンターと会って真剣に新しい職場を探すようになる。

GEグループという実力主義の会社では、四五歳頃までは昇進・昇格のスピードが速く、その後は急速にチャンスが減ると言われていた。取り得る選択肢として、以下三つのことが考えられた。一つ目はもう一度日本法人のCFOのようなトップポジションで頑張る。二つ目は、CFOのようにトップまで行かずに、その下で部長職を水平移動しながら定年まで行く。そして三つ目は、教師の家庭で育ったことから生まれた「自分は大学の先生にならなければいけない」という漠然とした思いをこの機会にそろそろ実現する。

念願であったGEグループ日本法人CFOでの辛い経験から、初めて、自分の人生は一つ目のGEでの成功という選択肢だけではないと思うようになったのだ。そして、この頃、三つ目の選択肢をかなえるための準備をしようと、グロービス・マネジメント・スクールに自ら履歴書を送り、講師をやりたいと志願し、アカウンティング等を教えることになる。

四周目のサイクル〈会計を社会価値向上に役立つツールに変える〉

ＧＥグループのアジアパシフィックに移ってからは、以前の事業部時代とは異なり、人脈も薄くなり、最も尊敬していた米国ＧＥ本社の元上司もＧＥを去った。その中で、アメリカ人から厳しい指導を受ける日々だった。ある日、偶然会ったヘッドハンターから「いつもアメリカ人の下にいるのもよいけれど、そろそろ日の丸を背負って勝負しませんか」と言われたことが、昆の人生を変えることになる。

昆は、異動に伴い違う仕事ができるかと思っていたが、プロセス管理や予算管理などに使う社内の管理ツールは、事業部が変わってもほとんど同一であり、これといった変化を仕事で感じることがなかった。ＧＥの仕組みやツールは非常によくできていたが、徐々に、今までの経験を活かして自分で管理ツールを作って会社の仕組みを回してみたいと考えるようになっていたのである。

そして、ヘッドハンターから紹介された日本の会社を何社か面接していく中で、ファーストリテイリングの柳井正や玉塚元一と出会う。非常に勢いがある会社で、職務内容に興味があり、ここなら経営管理ツールと新しい会社の仕組みも作れそうだと思い、転職を決める。事業開発・事業支援部門の執行役員として、それまで経験したことがない個人消費者向けのビジネスを覚えることができ、また、直接Ｍ＆Ａ（企業買収）の案件に携わるなど、充実した日々を過ごすことができた。買収した会社も含めたファーストリテイリングの中での社内の経営管理システムの仕組みや組織体作りも、ある程度実現できた。

そして、昆にとって転機だったのは、ここでCSR（企業の社会的責任：Corporate Social Responsibility の略）担当役員を命じられたことだった。大学卒業後、ずっと会計専門であり、CSRについては全くの畑違いであったため、社外の研究会などに入り、CSRを必死に勉強した。学んでいくうちに、見えない資産＝数字に表れない会社の価値を会計の枠組に取り込むための研究をしている早稲田大学の花堂靖仁教授に出会う。昆は大いに感銘を受け、自分自身の知見を深めるために、早稲田大学の博士課程へ入学し花堂教授の指導を仰ぐことを決意した。その過程の中で、「会計や経営管理ツールの幅を広げることで、会社を変えることだけではなく、社会を変えていける」と考えるようになった。

その後、米国3M社（以下3M）に転職していたGE時代の上司からの誘いもあって、3Mの日本法人である住友スリーエムのCFOとなった。暗黙知のような、見えない資産＝数字に表れない価値が非常に大きいのが3Mだった。「当時の3Mが最も苦労していたのは、社内にたくさん存在している見えない資産の価値を、どのように評価していくかということでした。見えない価値が大きくて、それらが生み出す価値を、会計や経営管理システムに落とし込む仕組みを創ることができる3MのCFOという仕事は、是非ともやりたいと思う仕事でした。今後は、人への投資、技術、文化といった見えない資産を、早く財務上の結果（キャッシュ）につなげるモデルを創っていきたいと思っています」と昆は語る。

「会社を経営している経営者自身が、自分の会社の見えない資産の価値をわかっているのかという疑問があります。経営者が自社の見えない資産の価値を一番知ることができる人物なのです。経営者がこの暗黙知の価値が何かを明確に理解して、市場に訴えることができれば、それを理由に投資を引き込むことができるのではないかと考えています」

昆がこのように考えるきっかけは、他でもないGEグループの日本法人での大リストラの経験だった。当時その事業部の強みを作っていたはずの比較的ハイパフォーマンスな人材をリストラしなければならなかった悔しい経験である。あの時にはできなかった、会社が持つ本当の価値を早期に見極め、株主に還元するものと会社に貯める必要があるものとのバランスをとるためのアクションをもっと早期にとるべきであった——そうしたことを考えた末に行きついた結論である。

「まずは第一ステップとして経営者教育をする必要があると思います。そして経営者はその社会的価値を極大化する戦略を実行していなければなりません。これには経営者自身に自社の本当の社会的価値を増大させる力や経営資源が見えていないと実行できないことです。3MでのCFOの仕事と同時に、ビジネス・スクールで経営者教育を行っているのは、二度とあのリストラのような後手に回った経営判断ではなく、環境変化への感度が高く、早期に未来予知的経営判断ができる経営者を創りたいからです」と昆は語気を強めて語る。

昆は、この活動が業績や株価で低迷する日本の会社にとっても有効な一助になると考えている。そして、経済同友会での活動などを通じて、勤務先企業のみならず日本経済全体への貢献も視野に入れ始めている。

最後に

昆の特徴は、ビジネスパーソンとしての人生のかなり長い期間、徹底的に自己の能力開発と自律性の向上にエネルギーを注いだことだ。新入社員研修を受けながらの会計の学校への通学に始まり、月に一度シンガポールに行くというハードな生活の中でのMBA取得。さらには、住友スリーエムのCFOという重責を担いながらの博士号の取得。徹底的に学びの場に身を置き、自分を高めていくという昆の姿勢から、学ぶべきことは多い。

昆は言う。「CFOになろうと思ってもなれないかもしれない。だがなろうと思わなければ絶対になれないのです」。将来ありたい姿を明確に描き、現在の自分とのギャップを能力開発していくことで埋めていく。昆の生き方から学べる点は多い。

志のサイクルのまとめ

昆の志がこれまでにたどってきた過程を、志のサイクルの五つのフェーズに当てはめて、整理してみよう。

新たな目標の設定……ビジネスパーソンとして成功する。具体的には役員になることを目標に設定する。

客観視……役員になることができる可能性が高い企業と考えた三菱電線株式会社に就職する。入社後、同期を見渡して勝てる分野は経理だという結論を出す。

新たな目標の設定……経理の分野で活躍することを目標に設定する。

達成への取り組み……新人研修の最中から会計の学校に通いながら、与えられた仕事の中で成果を出す。

新たな目標の設定……経理に加え、周囲のメンバーより力のあった英語を使う仕事をすることこそが自分の価値を出せる仕事だと気づき、GEに転職をする。

客観視……GEに転職後、大きな問題を起こしたわけでもない上司がリストラされる事態に直面し、自分のポジションの危うさを痛感する。

自問自答……自分が、仕事で付加価値を上げるためにはどうしたらよいかと考え努力する。

新たな目標の設定……ＧＥの中で、ＣＦＯになることを新しい目標に設定する。

達成への取り組み……仕事で成果を出すため、ＣＦＯになるために英語の勉強をし、ＣＰＡを取得する。その間、米国勤務のチャンスを得る。その後、ＧＥグループ日本法人のＣＦＯとなり、経営にあたる。同時に、ＭＢＡの取得を果たす。ＣＦＯになって直後に業績が悪化、大規模なリストラを断行。

取り組みの終焉……「こんなにひどいリストラを断行してまで利益を出すべきなのか」と悩みを深めつつ、失意の中でＧＥグループ日本法人のＣＦＯ任期が切れる。

客観視……ＧＥグループでのビジネスパーソンとしての生き方として、今後どのような可能性があるかを冷静に考える。

自問自答……ＧＥグループの異なるポジションで仕事をする中で、自らの今後について考える。

新たな目標の設定……自問自答の中で、自ら経営管理システムを作りたいという気持ちが強まる中、それを実現できる可能性が高いと判断したファーストリテイリングへ転職。そこで、ＣＳＲという概念に出会う。見えない価値を数値に落とし込むというコンセプトは、ひどいリストラをしなくても済む会社を創ることにつながるという理解の下、見えない資産の価値の最も大きい会社の一つである住友スリーエムに転職。現在取締役として、その志の実現に向け邁進中。

事例 6

強烈な体験から新しい志へ、活動し続ける原動力としての志

すたあと長田（兼チーム神戸）代表　金田真須美氏

プロフィール

一九五九年生まれ。一九九五年一月一七日に起こった阪神・淡路大震災で、自宅のあった神戸市長田区で被災。自身も自宅、経営していた着付け教室などに被害を受けたが、震災直後から公園のテントでの被災者の避難生活を支援しつつ、ボランティアグループ「すたあと長田」を立ち上げ、長田区、そして神戸の復興に力を注ぐ。その後、一九九七年一月に起こった福井県三国町でのナホトカ号重油流出事故における重油回収の活動や、二〇〇九年八月に起こった兵庫県佐用町の台風九号がもたらした水害における災害ボランティアとして活躍。そして二〇一一年三月一一日に起こった東日本大震災による被災者支援のため、石巻において活動を続け、現在(二〇一一年一二月時点）に至る。

このケースの意味合い

やり手のビジネスパーソンとして、自分のビジネスを大きくすることを目標に日々生きてきた金田は、阪神・淡路大震災に自らが被災者として直面することにより、悩みながら新たな道

を選択する。大震災での被災という大きな事件との遭遇により、金田は、それまで蓋をしてきたもう一つの自分と向き合わざるを得なくなった。その結果、金田は自らの志を見つけ、長期間にわたり、今もその志を実行し続けている。金田の志に大きな影響を与えた大震災での体験をたどりながら、金田の志醸成過程において、自問自答が実際にどのような形で、新しい目標の発見、その目標に取り組み続ける原動力、そして志を継続させる力となっているのかを見ていく。

ケース　金田の志とは

金田は現在、自身も被災した阪神・淡路大震災からの神戸の復興支援活動のために立ち上げたボランティアグループ「すたあと長田」の代表をしながら、東日本大震災の被災地を支援する災害支援団体「チーム神戸」の代表としても石巻で活動をしている。「チーム神戸」とは、「すたあと長田」の活動の一つとして、災害支援活動をする際のプロジェクトチームの名称である。人と物は被災地に直接集まることから、「チーム神戸」に携わるメンバーは毎回異なる。制約を受けたくないという彼女の意思により、両団体とも任意団体として活動している。

そんな金田の志は、災害直後の被災地において、被災者の心に寄り添いつつ、特に弱者を支援することと、そして緊急的事態が落ち着いた後は、被災者自身が自ら復興に向けて活動を始められる程度までの道筋を作ることである。現在もこの志の実現に向けて石巻で日々邁進中の金田だが、どのような過程を経て今に至ったのか、以下で順を追って見ていこう。

幼少期～阪神・淡路大震災前

金田は子供の頃から、捨て犬、捨て猫などを見ると必ず家に連れて帰って、隠れて飼ったりしていたという。親に見つかって怒られることもしばしばであったが、最後は説得に成功して、犬猫の面倒を見てきた。「自分がたぶん幸せだったから、その分、『捨てられている』、『そこに不幸がある』ということ自体が耐え難かったのです。そして、今の自分に続く道は、人や動物に親切をした時の、他人の視線と戦うことから始まりました」と金田は笑いながら言う。

金田は物心ついた十代の頃から、稽古事を通じて様々な施設に慰問に行っていた。町中でも、目の前に横断歩道を一人で渡れない人がいたら、当然のように声をかけ、手を差し伸べた。当たり前のことをしているにもかかわらず、時折、なぜか手を添えた自分がじろじろ見られ、その視線と戦わなければならなかったという。金田は徐々に、誰かのサポートをした際に、それが恥ずかしい、あるいは照れくさいという感情を抱くようになった。そして、これらの感情をどう理解したらいいのか悩み始め、そうした行動を時には躊躇してしまうこともあった。

しかし、その後も金田は困っている人を見かけたらサポートせずにはいられなかった。ある日、金田がいつものようにちょっとした手助けをした時のことだ。周囲からその行動について、不自然に称賛されるような出来事があった。その瞬間、金田はそのこと自体に強烈な違和感を覚えた。困っている人に手を添えたことによって、その相手が助かって喜べば、手を添えた側の人間も嬉しい。それを素直に表現できない社会のほうが不自然でおかしいのではないかという、当たり前のことに気がついたのだ。そして同時に、他人の視線をいちいち気にして、何もできない自分がいたら、それは自分が意気地なしであると思ったのだ。

「それ以降、自分は間違っていないのだから、他人に何を言われても別にいい。まずは自分が実践しよう。私はおかしくないのだから、割り切って『おせっかいさん』になろう。そう開き直ったらさっぱりして、とても気持ちが楽になったし、親切をするのに躊躇がなくなった」と金田は笑う。

金田は、学校を卒業した後、バブル経済という時代の波に乗り、主に着付け教室の経営や、母の薬膳料理店の手伝いの他、様々なビジネスに携わり、精力的な毎日を過ごしていた。神戸の長田区に住んでいたが、日常的にビジネスや買い物で出かけるのは三宮や大阪であり、震災が起こるまでは、地元の長田区に目をくれることもなかったという。「地元とか地域とかそんな考え方が欠落していた。自分の足元の地域愛とかは全くなく、自分の商売を拡げ、利益を追求することにしか当時は関心がなかったですね」

志に踏み出すきっかけとなった出来事 ～阪神・淡路大震災～

そんな彼女の生活を一変させたのは、一九九五年一月一七日の未明に起こった阪神・淡路大震災だった。地震発生の瞬間、金田は自宅で就寝中だったが、自分の身体の上に何か重いものが落ちてきて目を覚ました。何が起こったのかわけがわからず、二階から家族のいた一階に降りた。電気が不通となりテレビは見ることができなかった。周囲にラジオや懐中電灯も準備していなかったし、当時は携帯電話もほとんどの人が持っていなかったため、情報入手する手段はなく、何が起こったかもわからなかった。阪神・淡路間に大きな被害をもたらした、とてつもなく大きな規模の地震であったことに気づくまでに一日以上かかったという。

まずは親類縁者、友人知人、関係各所の状況確認のために、金田は五〇ccのバイクで街に出た。道路に穴があいていたり、地下鉄の駅がひび割れていたりしたが、警察官も消防隊員も街にはおらず、とても静かな光景だったという。パジャマ姿で裸足といった人も多く、いたるところに人が立ちつくし、建物は火を噴いていた。そんな非日常の光景を理解できないままに金田は被災者となった。

金田の住んでいた神戸市長田区は大きな火災が起こり、最も被害の大きかった地区の一つだ。

経営していた着付け教室は全壊し、母を手伝っていた薬膳料理店は、一瞬にして火の海となり瓦一枚残らず燃え、外壁のモルタルも全部落ちた。親類縁者の家もみな全焼した。連絡の取れなくなっていた友人たちを探し歩いたが、結局は亡くなっていた。

「今まで何本か持っていた手綱というか紐と言うか、かすかながら持っていた自分の人生のいろんなものが、気がついたらすべてなかった。一つは燃えて灰となり、一つは崩れてちぎれて、もう一つは何とも弱々しく残っていたけど何とも宙ぶらりん。何を今まで持っていたつもりだったのかと思った。人生をリセットするよい機会だった」。金田は当時のことをこう表現する。

災害ボランティアへの道 ～すたあと長田～

震災直後は、近隣の建物という建物はすべて崩壊し、血だらけの人が長田警察署の周辺に溢れている状態だった。そのような状況の中、被災した人々が集まったのは公園だった。しかし、当然ながら救援物資もなく、寝る場所もなく、自分たちで何とかしなければならなかった。震災から三日ぐらい経った頃、金田は自然と公園で「おせっかい」を焼いていたという。

最初のおせっかいは、公園で大声で喧嘩する声が聞こえてきたのが始まりだった。間に入って話を聞くと、夫妻と見られるその二人は混乱状態で、何をすることもできず、夜寝る場所もなく、困っているということだった。金田は早速、道の途中で見つけたマットレスと落ちていた大きな缶、その他の集められる瓦礫を集めてきて、何とか彼らがその夜、薪をくべて暖をとれる状態を作ってあげた。こんな原体験が金田を災害ボランティアの道に走らせていくことになる。

仕事をなくした金田は、自らも被災者でありながら、他の被災者のためにできることをひたすらする毎日だったという。ボランティアの人たちはいつかは帰っていく。手伝ってくれた人たちに心から感謝しつつ、自分たち自身の問題は自分たちでなんとかしていかなければ、という強い思いと共にボランティアグループを起ち上げた。新しい街づくりが今から始まるという思いを込めて、「すたあと長田」と名前をつけた。

「すたあと長田」は、思いを共にする者が集う任意団体という形で、本格的に活動を開始した。被災地域では、時間の経過と共に、必要とされるサポートの形は変化していく。当初は、残った建物もなかったため、多くの人が公園に集い、そこに停めた車で寝起きしたり、集めてきた瓦礫で小屋を建てたりして、避難生活をしていた。その段階では、日々の生活のための生活必需品や食事の炊き出しなどが必要とされた。

その後、仮設住宅が建ち、高齢者や障害者といった災害弱者が優先的に入居することになったのだが、いざ入居しようとすると、仮設の玄関に段差があってそこで立ちつくす人が出たりと、次から次へと対応すべき問題が起こった。また神戸には外国人の居住者が多かったこともあり、多言語での情報発信の必要性があったり、多様な文化が混在していることから、一つの方法での救援スタイルに集約できないという問題もあった。

数カ月が経ち、徐々に金田は、自分自身がやっていることを客観的に見るようになったという。「今、私がやっていることは何なんだろう。この先一体、自分はどうしていくのだろう」

次から次へと様々なことが起こり、気づくと秋になっていた。その頃にはすべての人が入居できる仮設住宅が建って自治会もでき、一人暮らしの高齢者の支援をしたりするなど、金田が関わる幅はどんどん広がっていた。「このまま成り行き任せでいいのか。自分の生活はどうするのか。この先の生活を一体どうするのか」。悩む日々が続いた。

金田は当時を振り返って言う。「着地点がどこか見えないことがとても不安だった。当時はボランティア元年とも言われているが、元年イコール、どこが終着点か、どういう経路か、その道筋さえも誰にもわからない。やるかやらないか、二つに一つ。要は自分の生活をどうやって安定させるかが見えなかった」

金田は別の不安も抱えていた。二十代にいろんなことにチャレンジしていたこともあって、いくばくかの預貯金があった。そのため、あまり目先の生活のことを心配する必要はなかったが、次に展開しようとすれば、蓄えていたものがどんどん目減りしていくという不安があった。それまでの人生では、自分の利害が人生の基準値だったが、震災前の生活と震災後の生活は極端に違っていたのだ。それぞれのレールを重ねることはもはや考えられなかった。どちらかのレールをとらないとだめなところに金田は追いつめられた。

さらにこの期間、金田を最も悩ませたのは、お金のことよりも結婚、そして出産、育児をどうするかだったという。元々、結婚への志向はそれほどなかったのだが、ちょうど結婚話が持ち上がっており、出産、育児というものについて本当に考えなくてもよいのか、非常に悩んだのだ。

「男性が人生を三回繰り返して考えるぐらいの量を悩んだと思います。一番悩んだのは出産。今から思えば、結婚は出産、育児のためのプロセスでしかなかったのです」と金田は言う。そして金田が、自問自答を繰り返す中で出した結論は、「自分らしく生きる」ということであった。「自分の志向ってとても大切なもので、それに沿わないことに関わるほど自分にとって無駄なものはない」。そう思った時、後は何も迷うことはなかった。そんなことに比べたら、収入などは本当にどうでもいいことであった。

金田は、被災者支援を継続するという船に乗り込むことを決めたのだ。

金田を最後に決意させたものは、社会への憤り、そして自分への憤りだという。震災直後、避難所などは全くなく、被災者は寒空の下、公園にテントを張って何とか生きていた。その後、時間が経過するとともに、仮設住宅などはできるものの、被災者にずっと関わりサポートしていると、彼、彼女らが直面している現実、社会の脆弱性に対して無性に腹が立ってきた。そしてどんどんいろんな物事に対して疑問や憤りを感じるようになったのだ。

「最終的な責任はどこにあるのか、それすらもない。なんとお粗末な社会なんだろう」。そして「一体誰がこういう社会を構築したのだろう」という疑問を金田が抱いた時、「こんな社会にしたのは、社会に無関心だった自分たちだ」と自責の念に駆られたのだ。

阪神・淡路大震災後の災害ボランティアの活動

神戸での活動によって培った様々なノウハウを基に、金田は災害が起こると現地に赴き、支援活動をするようになった。最初の活動となったのは、一九九七年一月に起こったナホトカ号重油流出事故で油が漂着した福井県三国町の沿岸部での重油回収に関するものだった。福井で支援活動をすることになったきっかけは、油まみれになったひどい状態の沿岸部で、全国から来たボランティアが活動する様子をテレビで見たことだったという。金田は自然と大震災直後、不安を抱えながらも神戸まで来てくれた全国からのボランティアの人たちのことを思い出した。そして、自分たちが辛い時に助けてくれた全国の見えない人たちへの恩返しをしたいという思いが、自分も行動してみよう、という一歩を踏み出す勇気につながったという。「現地に縁もない自分が行ったところで、どれほど役に立つだろう」と不安を抱えながらのスタートだったが、現地では、阪神・淡路大震災の時に出会ったボランティアとの再会もあり、人のつながりや縁の不思議さを痛感したという。同じ思いを持つ同志に囲まれ、そして励まされ、金田は全国から集まってくるボランティアを受け入れるためのボランティアセンターを起ち上げた。地元ではない場所での支援活動は、被災者を支援したいという金田の思いをさらに強くし、その後の活動の幅を広げる大きな意味を持つことになった。

現時点（二〇一一年一二月時点）までにさらに新潟県中越地震の被災現場、愛知県岡崎市や兵庫県佐用町の水害現場など、日本全国で九カ所に赴き、精力的に活動を実施している。

災害ボランティアとして ～石巻での活動～

二〇一一年三月一一日、東日本大震災発生時、金田は神戸の事務所にいた。東京に住む妹からメールが入り、早速インターネットで確認し、北関東で大きな地震があったことを知った。テレビをつけてみると、三〇名程度のけが人が出た模様というような報道がされていたが、金田は嫌な予感がしたという。金田が被災した阪神・淡路大震災の時の報道も同じく、テレビでは当初、「数十名の……」という報道がされていたと聞いていたからだ。日本のどこかでとんでもないことが起こっているのでは、という嫌な予感を感じた。

帰宅後、一六年間の災害支援で培った、報道機関や関係各所などとの独自のネットワークを通じ、情報収集を開始した。すぐにかなり大きな災害であるとわかり、その日のうちに原子力発電所に関してもある程度情報が入る体制を整えた。関西に住む金田からは、東北は遠い。地理的な距離感をつかむのに苦労しながらそこに赴く支度をしていたが、現地の道路はあちこち寸断されており、一般道路については情報すらなかった。

そのような状況の中、金田は神戸を出発し、長野の被災地を回りながら、何とか三月一七日に仙台に入った。そこで報道関係者から、「石巻がどうやら大変のようだ。自分たちもまだ行けていないし、報道もされていない」という情報を聞く。金田は目的地を石巻に決め、石巻で最も被害が大きかった地区の人々が避難している湊小学校にたどり着いた。

金田は避難所を見て愕然《がくぜん》とした。小学校自体も大きな津波に襲われ一階部分は壊滅状態で、校庭や裏の墓地には車や家や船などが突き刺さり、そのままの状態で放置されていた。体育館も避難所として使える状態ではなく、被災者の人々は二階以上の泥まみれの不衛生な各教室の中に集まっていた。金田は、学校の廊下を走り回って避難所の責任者らしき学校の先生を探し、言葉を選びながら、怪しまれないように自分が役に立てることはないかと話をし、代わりに活動拠点を中に置くことを了承してもらった。当然ながら、まだボランティアも一切見かけることはなく、現場は混乱を極めていた。およそ一四〇〇名の人が当時そこにいたという。金田はまず校舎内を隅から隅まで回り、どこをどう使えるか、これまでの経験をフルに活かした活動を始めた。

「災害現場では、取り繕っている暇がないから、知識とか経験とか感性とか、すべてがむき出しになった状態で、その人の人となりが透けて見える。肩書きなんてずいぶん遅れてついてくる。ボランティア同士は、被災者の笑顔という共通の目標に向かっているので、利害が一致しやすいし、手をつなぎやすい。それに対して、被災者は初めての経験で傷ついて混乱している。目の前でおにぎりを持っている人が、敵か味方かどこの誰かもわからない状態の中にいるので、それを丁寧に説明して、安心させてあげることから始めないといけない」。そんなことは十分理解している金田でも、被災地での長い支援活動では、被災者の方にうまく気持ちが伝わらず、落ち込むことがある。それでもそのことが、被災者の未来の笑顔につながると信じ、活動を続ける。

「小さなおせっかいから社会が変われば素敵」と金田は語る。そしてその思いは金田にとって自分自身への挑戦でもある。

「東日本大震災が起こって、現地に行くことについては何の迷いもなかった。一六年間、災害支援をしてきて、自分はちょっとは役に立つ人間だということがわかっている。そんなことがわかっていながら、現地に行かず、ストーブの前でじっとしていて悔むことを思うと、恐ろしくて神戸にはいられなかっただけ。被災地でやることは余計なおせっかい。自分が被災した時の答えでもある。自分はおせっかい焼きで、ちょっとしたおせっかいの延長上で、その人が楽になれるんだったら、それを厭わずに進んでやる。それだけ。どこまでが自分がおせっかいを焼ける範囲なのか、やりながら見えてくるものがある。どうせなら徹底的におせっかいを焼こうと思っている」

金田の自問自答のプロセス

金田は、「もう一人の自分」とよく対話するという。「生まれた時から一緒にいる魂のようなもので、常にそれと向き合っている。時にそれがライバルだったり慰めだったりする。もしかするとそれは理想の自分なのかもしれない」と金田は言う。

「もう一人の自分の中に、自分自身の志というものが存在している。それがどんな水準でどんな大きさで存在するのかは、まだわからない。今がすべてだと思ってはいないし、この先ポイント毎にまた悩むこともあると思う。被災者支援を継続するかどうか、この船に乗るか乗らないかについては、熟考に熟考を重ね、すごく悩んだ。今のところ、その時の思いを揺るがすようなことに出合ったことはないですね。でも、この先、一生涯これに乗り続けると決めたわけでもないのです。成り行きでことが進んでいるということもありますが、ポイント、ポイントで自問自答をして、自分の志向を確認している。この船の向かう先がここでいいのかという軌道修正は何度かあると思う。でも船に乗ったことそのものへの後悔はない」

金田は今も被災者の笑顔を見るために、石巻で小さなおせっかいを焼き続けている。

最後に

自らの身の安全という最低限の保障もないような災害直後の混乱を極める現場に、自ら乗り込み、ひたすら被災者の心に寄り添い、環境を整える。混乱する災害現場は、「支援したことへの感謝」を期待するような状況でもなければ、それが普通に見られるような余裕もない。さらに、予想外の衝突が発生したり、思いが伝わらない残念な状況に陥る場合すらあったりする。それでも、未来の被災者の笑顔を信じ求めて、活動するのだ。阪神・淡路大震災での体験は、金田の人生に影響を与え、金田に深い問いを投げかけたのだろう。金田へのインタビューを通じて、志を持った人間の強さ、そして金田の「すべての人間への純粋な愛」を感じた。

志のサイクルのまとめ

金田の志がこれまでにたどってきた過程を、志のサイクルの五つのフェーズに当てはめて、整理してみよう。

取り組みの終焉……阪神・淡路大震災により、ある日突然今まで培ってきたすべてのものがリセットされる。

客観視…………強制的にリセットされた今までの人生について振り返り、現在の生活との比較により、自分自身を客観視する。

自問自答……………三十代半ば、女性としても多くのことを考える必要がある年齢において、自分が人生で大事にしたいことや、自分らしさについて徹底的に考え、自問自答する。

新たな目標の設定……自分の経験を活かし、そして自分らしさを大事にし、災害支援に取り組むことを決める。

達成への取り組み……ネットワークを活かし、一六年以上にわたり日本全国の災害支援に飛び回る。

事例
7

ある人との出会いで定まった新しい目標

外資系製薬会社A社　日本法人　部長　中本善尚氏（仮名）

プロフィール

一九七一年大阪生まれ。大学医学部の教授である父と医師である母との間に、三人兄弟の次男として育つ。父親の留学により、中学二〜三年生をアメリカのボストンで過ごす。私立高校を卒業後、国立大学の医学部に入学。一九九六年に医師国家試験に合格。循環器内科医として臨床業務に八年間従事。二〇〇四年、卒業した国立大学の大学院で医学博士号（Ph.D.）を取得。

二〇〇四年から二年間、ハーバード・メディカル・スクールに留学。

二〇〇六年、ヨーロッパに本社を置く製薬会社A社に入社。同社の日本法人に配属。製薬会社に勤務する企業内医師として研究開発に従事。二〇〇七年一〇月よりグロービス経営大学院に通学を開始。二〇〇八年四月に同大学院に入学、二〇一〇年三月に卒業。

このケースの意味合い

志の醸成サイクルの五つのフェーズのうち、まさに次なる志を見出すのが、「新たな目標の設定」のフェーズである。医師のヒエラルキーの中におけるエリートコースを突き進んできた中本が、製薬会社に転身するという、日本では想定しにくい道へと進んだ。どのようにそうした新しい目標を見つけ、踏み出す決意をしたかにフォーカスを当てる。

ケース
中本の志とは

中本の志とは「医師としての専門性を創薬という成果に結びつけることによって、より多くの人々が健康となる手助けをする」というものである。ハーバード・メディカル・スクールでの研究生活の真っただ中に感じ、体験したことがどのようにこの新しい目標＝志を立てることにつながっていったのかを見ていく。

ハーバード・メディカル・スクールに行くまで

中本の人生は大学医学部の教授である父親の影響を強く受けている。子供の頃から、家の中では父親の存在が絶対的であり、受験勉強をすることも、医学部に行って医師になることもすべて父親が決めたことであり、それ以外の道があると考えたことすらなかった。父親は医師としての価値は研究を究めることにあり、医学部の教授は医学界のヒエラルキーの中でもトップであるという考え方を持っていた。

医学界のヒエラルキーとは、その世界を知らない者にとっては想像しがたい世界である。各大学の診療科や研究室ごとに「医局」と呼ばれる組織が編成されており、その大学内だけでなく、付属病院や関連病院の医師も医局の構成員となっている。ただし、この医局という組織は何ら保証を付与するようなものではなく、言ってみれば任意のサークルのようなものだ。そして、その構成全体の人事権を掌握しているのがヒエラルキーのトップに君臨する教授である。関連病院のトップだとしても、医局の教授が決めた人事権について口出しはできないほど教授の力は大きい。医局を変えて、別の医局に行くというようなこともまずあり得ない（ただし、最近では研修医制度が改定されたことで医局に入局する人数が減少傾向にあり、このヒエラルキーも少しずつであるが崩れ出しているという）。

中本が幼かった頃の父親は、大学病院の救急で働いていた。昼夜なく非常にハードに働く一方で、助けた患者さんが家まで心からのお礼を言いに来るような状況を見て、医師は一生をかけることができる仕事だと思っていたし、文字通りの社会貢献をしている父親に対して憧れていた。

このような環境で育ったため、中本は、自分自身も大学の教授になることが唯一の道であると何の疑いも持たず、医学部に行くことも、大学病院の医局に入ることも、すべて父親が言うとおりにやってきた。ハーバード・メディカル・スクールに行ったのも、論文を書いて出身大学でのポストを得る手段と捉えていた。

ハーバード・メディカル・スクールにて

ハーバード・メディカル・スクール（以下ＨＭＳ）。それは世界で最も有名で、最も優秀な人材が集まるアメリカのハーバード大学の大学院の一つであり、医学研究分野においては研究予算、研究者の人数、論文の本数など世界的に見ても圧倒的な№１の座を誇る機関である。

ＨＭＳでは、一つの専門分野に所属する人間の数が、日本の大学の医学部一つ分程度という規模感である。そこに入るには、論文などがＨＭＳの教授の目にとまり、ＨＭＳ側から声がからないと難しい。中本は日本で書いていた論文が認められ、留学できることになったのである。もちろんその論文を書くのにも苦労はしたものの、中本にとって、それは一つのステップに過ぎなかった。

ＨＭＳに留学した中本は、最初の一年、無我夢中で研究をした。「毎日一五時間前後働き、休みはほとんどなく半日休めればいいほうだった」と振り返る。研究した成果である論文が学会誌に掲載されれば、自分の目指す大学病院の教授に一歩近づける、という思いから研究をし続けた。

しかし、そこは世界最高レベルの研究機関。同僚のポスト・ドクター（博士号取得後に任期制の職に就いている研究者）が結果を出せないことから突然解雇されることもしばしば見られる、非常に厳しい環境であり、中本も入ったからといってうかうかとはしていられない状況であった。

そうしたプレッシャーの中、懸命に研究した甲斐もあり、留学してからおよそ一年がたった頃、論文が、権威ある学会誌に掲載された。もし、日本にいれば大いに賞賛され、一つの大きな研究成果とできるような論文であったが、ＨＭＳでは評価こそされるが、そこまで珍しいことではなかった。「ＨＭＳだとヒットですね。日本だったら確実にホームランの論文でした」。とはいえ、中本が是非達成したいと設定していた目標だったので、とても嬉しいものであった。

一方で、目標としていた学会誌への掲載を達成したにもかかわらず、中本にはある迷いが生じていた。それは自分の研究者としての限界である。世界最高峰であるＨＭＳに集まる研究者のレベルは、日本にいた時に想像していたものをはるかに超えていた。日本にいた頃には、一日中研究していれば高いレベルの論文は書けると思っていたのだが、アメリカに来てからは、一日中研究していても、自分が書ける論文のレベルには限界があるということに気づき始めていた。中本は当時を振り返ってこう語る。

「研究というのは本当に研究することが徹底的に好きじゃないとできないのです。僕は、確かに何かを発見することは好きなのですが、ＨＭＳにいる他の研究者に比べても負けないくらい研究が好きかと聞かれると、そうではなかったのです。正直、研究して論文を書くことは、自分がやらなくても他の人がやるからいいと思ってしまい、もっと自分にしかできないことがあるのでは、という感情が日に日に大きくなっていったのです」

中本は日本では学会賞を受賞したこともあったが、アメリカの若手の研究者が研究成果を発表する大会では思い通りの成果が得られなかったため、この思いを強くした。「第一位になったのは、ＭＩＴの研究者でした。その研究の方法、視点は本当にすごいもので、自分との違いを強く認識しました。これは、勝てないと思いました。優勝した人は本当に尋常なレベルではなかったのです」

時を同じくして中本は、論文を書いた後、自分が生きている間にその論文の内容が人の役に立つところを見ることはないと考えるようになった。実際のところ、中本の論文も、学会誌に掲載されて数年経つが、その後、研究が進み実用化に向けた進展があったかというと全くない状況である。著名な学会誌に採用されても、それが本当に医師として人の役に立つ技術になっているのか、それに疑問を持ち始めてしまったのだ。

「アメリカに行く前、僕は本当に多くの患者さんを診てきました。僕のベースになっているのは臨床なんです。病人を治すこと。それができないと意味がない。実際に救急にいたときに、心肺停止状態で運ばれてきた患者さんが、退院するときに『ありがとう』と言いながら歩いて帰るのを見たときに、とてつもない達成感を感じたのです」

中本にとって、病人を治すこと、それが最も大切なことであり、改めてそこに気がついたのである。

そのような気持ちに気づいたものの、どうしたらいいのかがわからない中本は、日々の研究活動は続けながらも、悶々と悩む日々を過ごしていた。

そんな中、とあるニュースがＨＭＳを駆け巡る。循環器内科の世界的権威である出雲正剛教授がスイスの製薬メーカーであるノバルティス社の循環器部門のトップに転出するというのだ。これは中本にとって非常に衝撃的なことであった。医師が大学を出て、製薬会社へ転職するなどということは、日本の医学界ではあり得ないことだったのだ。

「日本では医師になりたての二〇歳代中盤から製薬会社のＭＲから営業活動という名の厚遇を受けるのです。そのあたりから医師の勘違いが始まったりするわけですが（笑）。接待が当たり前となっていることから、製薬会社を単なる薬を売るための機能しか持っていないと勘違いしてしまっていて、ましてや研究者がそこに勤めるなんてことは、本当に恥ずかしながら正直全く知らなかったのです」

しかし、これは世界的には当たり前のことであった。

中本は、この件をきっかけに考え始める。

「医学の専門性を研究という形で追究するのではなく、その専門性を活かし創薬という成果に結びつけることによって、より多くの人々が健康になる手助けができるのではないか」

ようやく悶々とした日々から抜け出すきっかけが見えてきた。中本は言う。

「その段階で、改めて製薬会社を見てみると、単に薬を売る会社だと思っていたものが、実は研究、開発、製造、販売とすべての機能を持っている機関であることを理解できたのです。それに対し、大学の医学部には、研究という機能しかないんです」

何かに没頭していると大局が見えにくくなるが、きっかけを得て、俯瞰して物事を見て、急に視野が開けるという瞬間があったのだろう。

「もちろん出雲教授と同様に、教授職に就いてから製薬会社に転出するという道もあったのですが、限界を感じている研究者としてのキャリアをこれ以上積み上げるより、できる限り長くビジネスの経験を積むことが必要であり、そのためには早く移りたかった」と中本は振り返る。

また、中本にはもう一つ大切にしたいものがあった。それは「日本のためになることをしたい」ということだ。中学生の頃にアメリカに住んでいたが、現地校は白人ばかりで、有色人種ということで差別を受けたこともあった。日本人としてのアイデンティティに目覚めたのはその頃である。

日本の製薬市場は国単位で見ると、世界二位。にもかかわらず、アメリカをはじめとする他の国では認可されているが、厚生労働省の認可が下りず使えない薬が非常に多い。日本にいるときには気がつかなかったが、HMSに留学してから日本の臨床現場で使える薬の少なさに驚き、もっと多くの薬を使うことによって救える命があると考えるようになった。そのためにはグローバルな製薬会社に入り、その日本法人で日本の人々の健康のためにより多くの薬が使えるように力を奮いたいと考えたのだ。

もちろん今まで思い描いていたキャリアから外れることに対しての迷いがなかったわけではない。製薬会社で医師が働くことがほぼ認知されていない日本において、その選択をするということは医局の教授には到底認めてもらえることではない。ＨＭＳへの留学は教授の推薦があってのことであり、日本に帰国したら僻地医療などへの従事により「恩返し」をすることが通例である。教授に背いてまで製薬会社に就職するということは、日本の医学界のヒエラルキー、すなわち今まで順風満帆に歩んできたエリート街道には二度と戻れないということである。

ただ、中本は迷ったときは行動に移すことを選択すると決めていた。後から思い返して、選択しなかったことを後悔することだけはしたくなかったし、それまでの人生においても、そこまで大きな決断ではないものの、同じように考えて行動し、それが結果として良かったという自信があった。

中本は言う。「『持っているものを離さないと別のものはつかめない』といいますが、決断できないことは、両方をなくすことと考えていました。なぜかはわかりませんが、尊敬する人はすべて何かを得るために、何かを捨てる勇気を持っているタイプであり、自分自身、そういったストイックさに憧れていました。考えてみれば、自分の父親も開業医であった祖父の意思に背いて、大学病院での臨床研究者としての道を選んでいたのです」

自分の志とそれを成し遂げる方法を見つけた中本は、日本で医師として働いてきた自分を良く知り、最も信頼できる人物に自分の決意を電話で話した。この人すら説得できないような決断なら、しないほうがいいと思っていたが、中本の話を聞き賛成してくれた。なお、後にも先にもこの決断に手放しで賛成してくれたのはその人物一人だった。

早速、中本は製薬会社への就職活動を始める。もちろん欧米では大学から製薬会社に行くことはそう珍しくないため、誘ってくれる企業は多くあった。中本は、規模の大きな企業から順に話を聞いていった。しかし、どの企業も中本が望むような日本でのポジションは考えていなかった。あくまでも欧米でのポジションだったのだ。そんな中、A社だけは違っていた。中本の望む通り、日本でのポジションを用意してくれたのである。中本は迷うことなくA社への入社を決めた。

その後の、日本で待ってくれている人たちへの報告、というより説得は大変であった。当初相談して賛成してくれた人を除き、皆が反対をしていた。特に当時所属していた大学の医局とはひと悶着あった。結果として籍は医局に残っているものの、事実上破門のような状態であり、学会などにおける人間関係においても少なからず影響が残っている。

ただ、一番気にしていた父親とのやり取りは激しいものではなく、実に穏やかなものだった。父親自身が自分で自分を納得させようとしていたように見えたが、心の底では納得はしていないと中本は思っている。その決断が人生で初めて父親の意思に背いたものであったことは認識していた。ただ、中本は周囲から何を言われても翻意するつもりはなかった。「反対されるくらいで翻意するくらいなら決断していない」というのが中本の弁である。

製薬会社A社入社後

A社に入社する時点では「自分は相当レベルが高いからやっていける」という自信があった。実際、医師または科学者としての知見は非常に高いレベルだったのだが、その範囲が非常に狭いものであったことをすぐに理解した。

そのすっぽり抜けていることを解決するための策として、中本はMBAの取得を考え、二〇〇七年一〇月からグロービス経営大学院で学び始めた。半年後に正式に入学してから二年後の二〇一〇年三月、無事卒業した中本は、「自分のA社でのポストを上げていきたい。出世欲からではない。自分一人が実務でやれることは限られているし、投入できるリソースも今のポジションでは少ないから」と語る。同年一〇月には昇格し、着実に志の実現に向けて歩んでいる。

最後に

日本の常識で考えれば、極めて順調な業績を上げ、キャリアを積み上げてきた中本。HMSから日本に帰国し、そのまま母校に戻ればエリートコースを歩み続けていただろう。しかし、世界最高の研究機関で、世界最高の医師が製薬会社に転職をするのを目の当たりにして、自らも製薬業界に転身するという、片道切符の新しい目標を設定した。周囲からの見え方などに左右されることなく、本当に自分がやりたいことは何なのか、自分は何をすることが一番ふさわしいのかを正面から捉え、それに正直に突き進む生き方から学べることは多いのではないだろうか。

志のサイクルのまとめ

中本がこれまでにたどってきた過程を、志のサイクルの五つのフェーズに当てはめて、整理してみよう。

新たな目標の設定……父のように医師の世界のヒエラルキーのトップである大学教授になるという目標を立てる。

達成への取り組み……日本の大学で懸命に研究や臨床を行い成果を上げ、それがＨＭＳの教授からも認められ、ＨＭＳに留学を果たす。

取り組みの終焉……研究に没頭すればいくらでもレベルの高い論文が書けると思っていたが、実際にＨＭＳでやっていく中で自分の研究者としての限界を感じるようになる。

客観視……目指していた高いレベルの学術誌に論文が掲載されたことをきっかけ

に自分のやってきたこと、やっていることのレベル感、意味合いを冷静に見直す。

自問自答……本当に自分が輝けること、やりたいことは何なのかを自問自答する。このころに、著名な学内の教授が製薬会社へ移籍することを知る。

新たな目標の設定……「専門性を活かし創薬という成果に結びつけることで、より多くの人々が健康となる手助けをする」という新たな目標を設定し、製薬会社に転職。

達成への取り組み……着実に社内のポジションも上げ、影響力を増しながら、実際に取り組みを進めている。

事例

8

取り組みの終焉、そして新しい志へ

某市立中学校　数学教師　浅田一志氏（仮名）

プロフィール

一九七〇年大阪生まれ。一九八二年中学校入学、ラグビー部に入部。一九九三年某有名私立大学理工学系学部卒業。一九九五年同学大学院修士課程修了。一九九五年中堅鉄鋼メーカーに就職。研究技術者としてプラント設計業務に従事。二〇〇九年教員採用試験合格。二〇一〇年某市立中学校に数学教師として着任。ラグビー部顧問も務めながら、日々生徒の指導に勤しんでいる。

このケースの意味合い

本書の定義からすると、ある「志」には、必ず終わりがある。「志」の終わりは、自分自身の心でしか決めることができない。その人自身の気持ちの切り替えがないところでは、「志」は終わることはなく、区切りを付けられなかった「志」の上に降り積もっていった時間は、やがて大きな重しとなり、気持ちの切り替えのさらなる妨げとなってしまう。このケースでは、いかにして、一つの志が終えられたのか、そのために必要なことは何なのかを考えてみたい。

ケース

浅田の志とは

浅田が、中学生の頃、最初に抱いた「志」は、「教師になって、道に迷いがちな子供たちを支える役割をしたい」といったものであった。しかし、実際の彼は、大学院卒業後、企業のプラント研究技術者としてのキャリアを歩み続けていた。まずは、彼がどのようにして、「教師」を志したのかから見てみよう。

中学時代

浅田が教師になりたいと思ったのは、中学生の頃だった。教師になりたいと思った最大のきっかけは、中学生の時所属していたラグビー部の顧問であったA先生の影響である。浅田が中学に入学したのは、一九八二年。彼は自身が入学した年にできたばかりのラグビー部に入部した。ちょうど、その頃人気を博していた「スクールウォーズ」というテレビドラマの影響もあったという。練習は厳しく、怪我をすることもしばしばであったが、彼にとって、自分たちが部を一から作り上げているという気概は非常に大きかった。

しかし、スクールウォーズの熱血教師とは違って、A先生は、決して見るからに「熱い」教師ではなかった。どちらかといえば、つかみどころのない感じだった。生徒たちを強く引っ張るというのでなく、あくまで生徒たちにどうすればいいのかを考えさせるタイプだった。突き放すような物言いをするかと思えば、とことんまで生徒の面倒を見る、良い意味で言行不一致なところが逆に生徒たちの信頼を得ていた。

歴史や伝統のあるチームであったなら、そのようなスタイルはそぐわなかったのかもしれない。しかし、できたばかりのラグビー部には、そうした自主性を重んじるスタイルは良い効果をもたらしたといえる。ルールもよく知らない素人の集まりで、いつも意見が合わず、練習中に取っ組み合いの喧嘩をすることも何度もあった。しかし、そうした忌憚《きたん》のないぶつかり合いは、やがて、ラグビーの持つ「One For All, All For One」の精神の共有につながってゆく。実際に、彼の二年後輩の世代は、関西№1になったほどで、彼らのチームワークは着実に培われ、実を結んでいったのである。

そのチームの中で、浅田は初代のキャプテンを務めた。今にして思えば、と浅田は振り返る。

「もしかすると、今の私からは想像しにくいかもしれないですが、当時の私は、メンバーに非常に厳しく、常にピリピリしたところがありました。それは、A先生が目指した『それぞれのやる気を最大化させていく』といった指導スタイルとはほど遠かったと思います。そんな私を支えてくれたのが、当時の副キャプテンでした。私がいないところで、一人ひとりをフォローし、チームを支えてくれていたのです」

その副キャプテンの姿勢こそが、その後の彼のリーダーシップのお手本となっている。

「こんな時、あいつならどうするだろうか」。彼はこれまでの人生の中で、幾度となくそんな想像を繰り返してきた。

その副キャプテン以上に、浅田の人生のロールモデルとなったのは、やはりA先生だった。実際には、彼はA先生に、担任はおろか、教科を受け持ってもらったことすらなかった。しかし、A先生は、何よりも大事な学びの場、つまり、尊敬し、信頼できる仲間たちと切磋琢磨できる空間を作ってくれた人という意味で、誰よりも「すごい」人だった。

A先生は、決して、その場その場での答えを性急に求めなかった。その「場」の中で活躍するのもさることながら、その「場」を作り出す存在、その「場」を支える存在に、彼はなりたいと強く思ったのだった。

大学時代

彼は、中学、高校と理数系の勉強が得意で、中高とも成績が良く、大学は東京の有名私大の理工学部に進んだ。大学では、「燃焼」に関する研究を専攻した。特にこの研究分野を志望していたわけでなく、その当時巡り会った大学教授から勧められてのことであった。さらに彼は、その教授の勧めもあって、大学院にも進んだ。研究は楽しかったし、この道で将来のキャリアを重ねていくのだろうと、なんとなく考えていた。だから、彼は、大学時には、教職課程をとらなかった。しかし、「なぜか、この生活に少しだけ違和感があったのですよね」と彼は振り返る。

一流大学に進み、日本でもトップクラスの専門的な研究ができるこの学部に入って、それに十分満足していた、はずだった。しかし、大学院に進むにあたって、ここでこのまま研究だけを進めていけば、教師への道がなくなってしまうということが怖くなってきた。

結局、彼は、大学院の修士課程と並行して、大学で教職課程の授業を取ることにした。大学院のキャンパスと、教職課程のクラスが行われている場所は別の場所で、周りではそんなことをしている人は他にいなかった。さらに言えば、教えることに興味があったのかと言えば、それはほとんどなかったと彼は振り返る。事実、体験としての「教える」ということに関しては、少し家庭教師をやったぐらいで、長くは続かなかった。

それでも、ここで教職課程を修めていないと一生教師になる資格が得られなくなる、ただそれだけが怖くて、教職課程を修めた。いずれにしても、彼は、教師になるならば社会人経験を経てからと、中学生の頃から思っていた。実際に社会を見てからのほうが、子供たちにより良いアドバイスができるようになると考えたのだ。

社会人になって

結局、彼は、修士課程修了後、一般企業のプラントエンジニアとしての道に進んだ。彼にとって、この「プラントエンジニア」という道もまた一つの志だった。彼は、決して「仮の居場所」

として、このキャリアを選んだわけではないと強調する。

会社では、プラント設計の業務に就いた。一年目は、現場(試運転をしている現場)を見て回った。二年目から一三年目(退社時)まで、毎年、新たなゴミ処理のプラント設計に携わった。彼は、設計図を描くだけではなく、実際に現場に行って試運転を行い、売れた製品の保守も行った。それらのプラントは、全国各地に向けて販売されていたため、全国を駆け回った。プロジェクトワークは、ほぼ一~二年の単位で完了し、彼はいくつもの現場をこなしていった。

浅田はプラント部門で最初は「本流」と位置づけられていた小型・大型ゴミのリサイクル部門に三年、その後「亜流」とされた、有機物(生ゴミや畜糞など)を処理し、その際生じるガスから発電と熱を回収するプラントを製作するバイオ部門に九年在籍した。バイオ部門に転属させられた当初は、正直不本意だったと彼は振り返る。実際、バイオ部門はいつ閉鎖されてもおかしくない状況だった。

しかし、バイオ部門は、「亜流」であるが故に、非常に自由にいろいろなことにチャレンジできる環境があった。新たに外国の企業からライセンスを取り、その事業化を任されたこともあった。過去に誰もやったことのないプロジェクトだった。一からいろんな部署や外部の人に教えを請いながら、何とか実現化にこぎ着けた。

「思い起こせば、中学生のころのラグビー部の立ち上げとよく似ていました。自主性と責任感を持って、我が道を行けるこの部署は、僕にとってはまさに理想的な居場所でした。仕事はおもしろく、仲間にも恵まれていました」

バイオ部門のチームは、自由な環境で、自分の意志を形にできる。尊敬できる上司にも出会えた。何より、現場で人々と触れあえるこの仕事は、元来、人好きな彼にとって見れば、単なるエンジニアとしてだけでなく、チームで物事を作っているという喜びを与えてくれた。

一方で浅田は、入社五年目の頃から、教員採用試験の季節が来るたびに、受験を考えていた。しかし、その度に、今はまだその時ではないと自分に言い聞かせてきた。これだけやりがいのある仕事ができているのに、違う道を選ぶことはあり得ない、そう自分に言い聞かせてきた。そうして、時間は刻々と過ぎていった。

やがて、彼は、次世代リーダーを選抜育成するということで、内外の研修を受け始めることになる。入社して一一年目、三五歳の時だった。各事業部から一名だけ推薦される枠の中で、バイオ部門の自分が選ばれたのは正直意外だったと彼は言う。会社は、幹部候補生として期待してくれていた。しかし、その期待は彼には負担に思えた。彼には、会社を動かすということに自信がなかったし、そのことに魅力をそれほど感じなかったのだ。自らが直接接するのではなく、大きな組織の運営者として組織をリードするということには、正直気が引けるところがあった。

転機

時を同じくして、浅田の会社は、安全性に関するトラブルから、非常に揺れていた。それでなくとも、折からの不況と業界の再編で業績が伸び悩んでいる中、このことで経営状況の厳しさは深刻なものとなった。事業再編が進められ、不採算事業は中止、解散となった。浅田のいたバイオ部門は廃止となった。それまでもバイオ部門は幾度か廃止の危機があったが、そのたび社長の了解が出て生き延びていたのであった。しかし、その社長が交代し、廃止の指示が出されたのだ。

バイオ部門への思い入れが非常に強くなっていた彼は、この事態は相当に堪《こた》え、企業人であることへの不安、無常観のようなものを感じ始めていた。とはいえ、彼自身の評価が下がったわけではない。その後、彼は、再び花形であるリサイクル部門に戻って、プラント設計に携わった。

振り返ってみると、会社が彼に与えた学習の機会は、冷静な状況把握につながったと言える。それまでは、プロジェクトの中に埋没し、会社全体の状態についてはそれほど考えることもなかった。

しかし、ビジネスの仕組みを学び、外部の研修で知り合った他業種の人々との交流の中で、彼に見えてくる会社の姿はそれまでとは確実に変わっていた。厳しさを増す経済環境の中で、効率を重視してプロジェクトが中止されることがこれからも繰り返される可能性は十分にある。

企業が利益を基に成り立っている組織である限り、それは当然のことだ。頭では理解できる。しかし、心はどうにも納得できなかった。一度芽生えたその「感情」は日に日に募っていった。気がつくと、自分にとって安住の地であると思っていた会社は、今やそうでなくなっていた。そんな状況の中で、この人は、と思うリーダーが次々に辞めていく姿を目の当たりにすることも少なくなかった。

浅田はこう振り返る。「自らがリーダーとなることでこの組織を変えていく、立て直していくという選択肢がなかったわけではありません。でも、正直、自分にとってそれは現実的な課題とは思えなかったのです。来年には、管理職に昇進することが、ほぼ確定していました。三人の子供を抱える親の立場となった今、経済的な問題をクリアするのは簡単なものではありませんでした。昇進すれば、給料は今よりも上がります。一方で、それに比べると、教員の給与は格段に低いというのが現実です。一家を背負うものとしての現実がありました」。様々な葛藤が彼の心に重くのしかかっていたのである。

会社で働くメンバーには不満はなかった。尊敬できる上司も多く、仲の良い同僚もたくさんいた。人とのつながりを何より大事にする浅田にとって、彼らと離れることは本当に辛かった。会社のために必死で仕事をしている彼らを裏切ることになると、自らを責めた。

か?」を考える。その中で、長年心の中でくすぶっていた、中学時代に考えた教師になるという志が顕在化してくる。

取り組みの終焉……自分は企業をマネジメントすることを望んでいるのではないことに気づく。人を作る人になりたいと考えるようになり、「エンジニアとしてプラントの設計をし、社会に貢献するという志」に決着をつける。

新たな目標の設定……若かりし頃に描いた「志」＝教師になることを新しい目標に設定する。

達成への取り組み……実際に教師になり、まずは一人前の教師になるべく邁進中。

おわりに

最後までおつきあいいただき、ありがとうございました。

本書の構想は、グロービス経営大学院に通われる数多くの社会人学生の皆さんとの対話から生まれました。自分の志について、多くの方が考え、悩む姿を見て、何か役に立てることはないかと、志の研究に着手し、これまでの研究を通じて、言葉にできることは、可能な限りこの本の中に入れ込みました。本書を通じて、志とは何か、志はどのように醸成されていくのか、読者の皆さんの頭の中に、少しでも具体的なイメージが湧いていれば、これ以上の喜びはありません。

筆者が皆さんにお伝えしたいことは本書に記した通りですが、本書の最後にこのメッセージを残しておきたいと思います。

今、取り組んでいることに、一定期間人生をかけてコミットできるなら、迷わず前に進んでください。

もし、そのような状況になければ、是非、自らを客観視し、

新たな目標を設定するために自問自答をしてみてください。高いエネルギーレベルで何かことに取り組んでいけば、いずれ自分が納得する状況にたどり着くでしょう。自ら取り組んできたことに自ら終止符を打つことができたら、一つの志が終焉するのです。そうすれば、自らを客観視すること、それを踏まえた上での自問自答、新しい目標、つまり新しい志を設定することができるはずです。高いエネルギーを持って志の実現に取り組むのです。そのとき、新しい志の社会性や自律性が高まったことを感じてみてください。是非、自らの志を大きく、大きく育てていってください。志の旅路に終わりはありません。

さて、本書の出版にあたっては、数多くの方にお世話になりました。

まず、二〇一一年に上梓したオリジナル版の執筆にあたって、インタビューに応じてくださった三〇名を超える皆さんに、改めて心からの感謝を申し上げたいと思います。ご多忙の中、長時間、複数回にわたり、ご自身の人生について語っていただいた姿と言葉を通じて、大変多くのことを学ぶことができました。

本書のもとになったプロジェクトで一緒に汗を流してくれた、泉谷真紀子さん、永井啓介さんにも、最大限のお礼を申し上げたいと思います。長い時間をかけて、意義深い議論をさせていただきました。

現在はフリーで活躍されている元東洋経済新報社の中村実さんには、この本の企画を具現化していただき、企画の段階から適切なアドバイスや励ましの言葉を頂戴しました。グロービス経営大学院の教授であり、グロービスの出版部門の責任者である嶋田毅さんには、いろいろと相談に乗っていただき、本当にたくさんのアイデアをいただきました。これらの多くの方々に心より感謝をしたいと思います。

さて、早いもので、オリジナル版を出版してから八年の時間が流れ、幸いなことにたくさんの方にこの本をお読みいただきました。この間、田久保が勤務するグロービス経営大学院には延べ五千人以上の方が入学され、毎年、入学前のオリエンテーションで本書を踏まえた、入学前の志を発表するセッションが開かれています。また、志をテーマにしたセミナーにも、全国で延べ二千名を超える方にご参加いただきました。そのような皆さまから、たくさんの感想、コメントをいただきましたが、その中でも多かったのが、「志醸成サイクルを回すことができる人と、できない人、最後の一歩を踏み出せる人と、踏み出せない人の違いが知りたい」というものでした。この疑問に答えるべく、新たな研究を実施しました。増補改訂部分の中心をなす第2章に関係する研究を実施するにあたっては、二一名の方に長時間のインタビューにお答えいただきました。また、一三二名の方に、すべての問題が自由記述式という、回答に時間と手間を要するアンケートにお答えいただきました。ある回答者からは、「アンケートの回答に四時間もかかった」という話をうかがいました。これらのご協力がなければ、研究を実施することはできませんでした。心より感謝申し上げます。

また、増補改訂版に加筆した部分に関する研究については、既存の研究事例が皆無である上に、人により解釈が分かれる『志』というテーマにもかかわらず、丁寧にご指導くださり、田久保の博士論文執筆を、二年半にわたり支えてくださった高知工科大学大学院の那須清吾教授に心からの感謝を申し上げたいと思います。

また、東洋経済新報社の齋藤宏軌さんには、増補改訂版の企画をご快諾いただき、新しい形で本書を世の中に送り出すことができました。ありがとうございました。

この本を上梓してから、八年の間に、執筆者の面々も、客観視し、自問自答を繰り返し、新たな目標を設定し、その実現に向かって日々精進を重ねています。田久保が、博士論文の執筆に取り組んだことも小志の一つでした。

志を胸に抱かずとも、生きていくことは、もちろん可能です。しかし、志を育てる努力を続ければ、より一層輝いた時間を、志を胸に抱いている者同士響きあいながら、過ごしていくことができるはずです。
読者の皆さん、是非ご自身の志の旅路を楽しんで下さい。

二〇一九年三月

執筆者を代表して
田久保善彦

■推薦図書■

読者の皆さんにより深く、志について向き合う機会をご提供できることを願って、本書を書き上げるにあたり、大きな示唆を与えてくれたいくつかの書籍を紹介します。

第1章から第4章の推薦図書

『その幸運は偶然ではないんです！』 J・D・クランボルツ＋A・S・レヴィン（ダイヤモンド社）

志を実現するためには、何かしらの機会（職）が必要である。それと出合うためにどうすればいいかと考えあぐねていても、なかなか巡り合えない。しかし、その機会の種をしっかりと蒔き、さらにその芽が出ている瞬間を見逃しさえしなければ、思うよりも多くの機会に出合えることもある。その出合いは、単なる偶然ではないということだけは肝に銘じておくべきだと本書は教えてくれる。

『ワーク・モティベーション』 ゲイリー・レイサム（NTT出版）

志のサイクルを回し続けることは、決して楽しいことばかりではなく、逆に大きな苦難に向き合うことになる場合が多い。志に向かって生きる人はどのように心にエネルギーを補給しているのか。また、志を持った本人が巻き込んでいった周りの人々のモチベーションは何だったのか。これらについての理解に加え、人は人によって動かされるということを知ることができる。

『トランジション――人生の転機を活かすために』 ウィリアム・ブリッジズ（パンローリング）

何か新しいことを始めるためには、これまでにやってきたことをしっかり「終わらせる」必要がある。それは時に辛いことであり、時に長期の「ニュートラル・ゾーン」を経る必要があるが、その辛い時期を乗り越えてこそ、人生の転機を乗り越えていけることを、この本は教えてくれる。

『自己信頼』　ラルフ・ウォルドー・エマソン　（海と月社）

志は、つまるところ、「自己の意思決定」である。そのために必要な自分に対する信頼を持てるのかどうか。それが持てない人には、永遠に志へのチャレンジは訪れない。そして、自己信頼を持ち続けられるかも、非常に重要な要素である。本書の志の定義の「コミット」の部分の重要性は、各事例からも感じ取っていただけたと思うが、改めて、自分を信じ、何かに自らを費やすということの大事さをこの本は教えてくれる。

『素直な心になるために』　松下幸之助　（PHP文庫）

現パナソニック株式会社の創業者である松下幸之助が最も大切にしたといわれる「素直」という言葉。素直な心になるために、何をしていけばよいか、どのような心持ちであるべきかが記されている。客観視、自問自答の際に大切なことは、素直な心になって、自らの内面を見つめることであり、その意味で本書が参考になる。

『人間性の心理学』　A・H・マズロー　（産業能率大学出版部）

マズローの欲求五段階説は、本書籍でも引用した。特に「自己実現」については、世間で理解されている内容とマズローの主張はかなり乖離があるため、正確な理解のためには、やはりマズロー本人の書物に戻るべきだろう。また、自己実現に至るまでの四段階について、特に承認の欲求についての理解は、人間性のリアルな部分を押さえておく意味でも重要である。

第5章（事例編）の推薦図書

『吾人の任務』　堀義人　（東洋経済新報社）

グロービス代表堀義人の自伝。ハーバード・ビジネス・スクールへの留学から日本に戻った堀が、何を志し、いかにしてグロービスを立ち上げたかが綴られている。志を持つことの大切さ、周囲を巻き込んでいくことの大切さなど、本書の内容と整合する部分も多く、参考になる。

『竜馬がゆく』　司馬遼太郎　（文春文庫）

多くの日本人が志という言葉と関連付けて思い浮かべる人物が『竜馬がゆく』の坂本竜馬。八巻にも及ぶ大著であるが、若い頃の竜馬には志と呼べるようなものはなく、様々な経験を経て、薩長同盟、大政奉還などを通じて新しい日本を作るという志に目覚めていく姿が描かれている。紆余曲折しながら志が成長していく様子は本書の志のサイクルと符合する部分も多い。

『ピアニスト辻井伸行　奇跡の音色』　神原一光　（アスコム）

盲目ながら世界有数のピアノコンクールで日本人として初めて優勝を果たした辻井と、その才能を引き出した恩師川上との歩みを描いた一冊。一流のピアニストになる夢をあきらめた川上が、辻井という一人の少年に出会ったことで指導者として生きていくという志を立てる。それまでの心の葛藤、新たな目標を設定する過程など参考になる点が多い。

『スープで、いきます』　遠山正道　（新潮社）

「Soup Stock Tokyo」を立ち上げた遠山正道の創業記。三菱商事で働いていた三三歳の時に「成功することを決めた」遠山が、事業のアイデアを思いつき、それを形にして、成長させ、目の前に現れた危機を乗り越えていく中で、「生活価値の拡充」という志にたどり着く様子が描かれており、志の成長を実感することができる。

『マイクロソフトでは出会えなかった天職』　ジョン・ウッド　（ランダムハウス講談社）

マイクロソフトのエグゼクティブだったジョン・ウッドが、ネパール旅行で見た現実をきっかけに、「ネパールの子供に本を届ける」という志を見つけ、行動し、その後、Room to ReadというNPOの代表になっていくストーリーが描かれている。ある出来事をきっかけにして自らを客観視、自問自答して、新しい目標を見つける流れは志のサイクルにあてはまる点が多く参考になる。

『ムハマド・ユヌス自伝』　ムハマド・ユヌス＋アラン・ジョリ　（早川書房）

グラミン銀行の創設者であり、ノーベル平和賞の受賞者でもあるムハマド・ユヌスの自伝。米国で学びバングラデシュに帰国した後、大学で教鞭を執っていたユヌスがどのような経緯で、マイクロ・ファイナンスのはしりであるグラミン銀行を立ち上げたのか、志の実現に向け、どのような活動をしてきたのかが描かれている。

■執筆者紹介■

田久保善彦（たくぼ　よしひこ）

第1章～第4章及び監修担当。グロービス経営大学院経営研究科研究科長、学校法人グロービス経営大学院常務理事。慶應義塾大学理工学部卒業（学士（工学））、慶應義塾大学大学院理工学研究科修士課程修了（修士（工学））、高知工科大学大学院博士課程修了（博士（学術））。スイスIMD PEDプログラム修了。株式会社三菱総合研究所を経てグロービスに参画。学校法人経営に従事する傍ら、「企業家リーダーシップ」「企業の理念と社会的価値」などのコースに登壇。著書に『これからのマネジャーの教科書』、『27歳からのMBAグロービス流ビジネス基礎力10』（共に東洋経済新報社）、『ビジネス数字力を鍛える』、『社内を動かす力』（共にダイヤモンド社）など。

中山正是（なかやま　まさゆき）

第5章担当。関西大学社会学部卒業。グロービス経営大学院修了（MBA）。株式会社ジェイティービーに入社。尼崎支店にて法人営業に従事する。分社後、株式会社JTB西日本に所属し、法人営業中央支店にて製薬・医療福祉マーケットを中心とした出張業務効率化、販売促進、会議運営に関する営業に携わる。全社の経営体制再編に伴い、株式会社JTB大阪第三事業部で法人営業を担当する。

野本周作（のもと　しゅうさく）

第5章担当。慶應義塾大学理工学部卒業。グロービス経営大学院修了（MBA）。松下電工株式会社（現・パナソニックES社）、ローランド・ベルガーを経て、複数のBtoCサービス企業で経営企画や事業責任者を歴任。現在、株式会社エー・ピーカンパニーの執行役員として今後の成長ドライバーである海外事業・新規事業に加え、同社のビジネスモデルの根幹を担う生産流通事業を担当し、企業価値の引上げを担っている。

松下一芳（まつした　かずよし）

第4・5章担当。関西学院大学経済学部卒業。グロービス経営大学院修了（MBA）。高島屋で17年間、主に婦人服の仕入販売管理やSCのマーケティングを経験した後、バーニーズニューヨーク、プーマでリテールビジネス、店舗マネジメントの強化拡大に従事。現在は、アマゾンジャパンのFC部門オペレーションズマネジャー。

森　勇樹（もり　ゆうき）

第5章担当。学習院大学経済学部卒業。グロービス経営大学院修了（MBA）。スリーエムジャパン株式会社にて、複数の業界で営業、マーケティングに従事。シックスシグマのブラックベルトとして全社横断の改善プロジェクトを複数遂行後、電気、自動車業界の製品マーケティングとして、グローバルチーム（US、アジア、EU）と連携をして事業戦略、マーケティング戦略立案、実行をリード。

村尾佳子（むらお　けいこ）

第5章担当。グロービス経営大学院経営研究科副研究科長兼常務理事。関西学院大学社会学部卒業。大阪市立大学大学院創造都市研究科都市政策修士。グロービス・オリジナルMBAプログラム（GDBA）修了。大手旅行会社などを経て、現在、グロービス経営大学院並びに株式会社グロービスの戦略立案、実行に携わる傍ら、教員として「マーケティング・経営戦略基礎」、「企業家リーダーシップ」などの授業を担当。複数のNPOの育成に理事としても携わる。

【著者紹介】
グロービス経営大学院
社会に創造と変革をもたらすビジネスリーダーを育成するとともに、グロービスの各活動を通じて蓄積した知見に基づいた、実践的な経営ノウハウの研究・開発・発信を行なっている。
●日本語（東京、大阪、名古屋、仙台、福岡、オンライン）
●英語（東京、大阪、オンライン）

グロービスには以下の事業がある。（https://www.globis.co.jp）
●グロービス・マネジメント・スクール
●グロービス・コーポレート・エデュケーション
（法人向け人材育成サービス／日本・上海・シンガポール・タイ）
●グロービス・キャピタル・パートナーズ（ベンチャーキャピタル事業）
●グロービス出版（出版／電子出版事業）
●GLOBIS知見録／GLOBIS Insights（オウンドメディア、スマホアプリ）

その他の事業：
●一般社団法人G1（カンファレンス運営）
●一般財団法人KIBOW（震災復興支援活動、社会的インパクト投資）
●株式会社茨城ロボッツ・スポーツエンターテインメント（プロバスケットボールチーム運営）

志を育てる　増補改訂版

2019年5月23日　第1刷発行
2024年4月2日　第3刷発行

著　者――――グロービス経営大学院
執筆・監修――田久保善彦
発行者――――田北浩章
発行所――――東洋経済新報社
〒103-8345　東京都中央区日本橋本石町 1-2-1
電話＝東洋経済コールセンター 03(6386)1040
https://toyokeizai.net/

装　丁………………冨澤　崇（イーブランチ）
本文デザイン・DTP……佐藤　純（アスラン編集スタジオ）
印　刷………………港北メディアサービス
製　本………………大口製本印刷
編集担当……………齋藤宏軌
Printed in Japan　　ISBN 978-4-492-04646-3